Suhrkamp BasisBiographie 3 Hans Christian Andersen

W0228792

Leben Werk Wirkung

Gisela Perlet wurde 1942 in Magdeburg geboren. Nach dem Studium der Germanistik und Nordistik war sie von 1966 bis 1979 Lektorin im Hinstorff Verlag in Rostock. Danach arbeitete sie als freiberufliche Übersetzerin, Herausgeberin und Autorin. Sie wurde mit dem Hans-Christian-Andersen-Preis Odense (1998), dem Johann-Heinrich-Voß-Preis (2002) und dem Dänischen Übersetzerpreis (2004) ausgezeichnet.

Hans Christian Andersen

Suhrkamp BasisBiographie
von Gisela Perlet

Suhrkamp BasisBiographie 3 Erste Auflage 2005 Originalausgabe
© Suhrkamp Verlag Frankfurt am Main 2005
Druck: Clausen & Bosse, Leck · Printed in Germany
Umschlag: Hermann Michels und Regina Göllner
ISBN 3-518-18203-X
Die Schreibweise entspricht den Regeln der neuen Rechtschreibung, Zi-
tate werden in ihrer ursprünglichen Rechtschreibung belassen.

1 2 3 4 5 6 – 10 09 08 07 06 05

Inhalt

Kein schönes Märchen

»Mein Leben ist ein schönes Märchen, so reich und glücklich. Wäre mir als Knabe, als ich arm und allein in die Welt hinausging, eine mächtige Fee begegnet und hätte gesagt: ›Wähle deine Laufbahn und dein Ziel, und dann, je nach deiner Geistesentwicklung und  wie es der Vernunft gemäß in dieser Welt sein muss, beschütze und führe ich dich!‹ – mein Schicksal hätte nicht glücklicher, klüger und besser geleitet werden können. Meine Lebensgeschichte wird der Welt sagen, was sie mir sagt: Es gibt einen liebevollen Gott, der alles zum Besten führt.« (MLE 1, S. 27) So beginnt Andersen seine Autobiographien von 1847 und 1855, und wer den Fügungen des Schicksals, von einer mächtigen Fee oder einem liebevollen Gott bewirkt, so laut seine Dankbarkeit bezeugt, erweckt den Verdacht, dass er erhebliche Mühe damit hatte und dass sein Leben kein gar so schönes Märchen war. Andersen hat seinen Lebensmythos, den ihm Mit- und Nachwelt allzu gern glaubten, zum größten Teil selbst inszeniert und dafür geschönt, erfunden und verschwiegen. Dass er sich der Einseitigkeit dieser Selbstdarstellung bewusst war, geht aus dem Entwurf einer Vorrede hervor, die er der Fortsetzung seiner großen Autobiographie von 1855 voranzustellen gedachte und vermutlich kurz vor seinem Tod verfasste: »Ich zeigte und zeige noch immer die schöne, die beste Seite [durchgestrichen: drehte ich sie um] …« (MLE 1, S. 23)

Märchenhaft mutet Andersens Werdegang tatsächlich an: 1805 in ärmlichsten Verhältnissen geboren, mit elf Jahren Halbwaise, mit 14 Aufbruch nach Kopenhagen, mit 23 Reifeprüfung und danach ohne weitere Ausbildung freier Schriftsteller bis zum Tod 1875 – da war er weltberühmt und nach heutigen Begriffen Millionär. Aber er war weder ein strahlender Aufsteiger noch ein naiv-kindlicher Märchenonkel, sondern eine höchst widersprüchliche Persönlichkeit: Sein früh vorhandenes Künstlerbewusstsein war gepaart mit Selbstzweifeln und einer fast krankhaften Empfindlichkeit; sein Wagemut mit Phobien unterschiedlichster Art; seine Ruhmsucht und Eitelkeit mit Unterwürfigkeit und Demut; sein Vorsehungsglaube mit ausgeprägt praktischen Talenten, auch zur Selbstvermarktung. Immer war er ein Außenseiter, nicht nur der sozialen Herkunft wegen, sondern auch als ewiger Junggeselle, dem sich keine Liebe erfüllte, der ständig unterwegs und nirgendwo recht zu Hause war. Obwohl er in Dänemark und im Ausland ein ganzes Netzwerk von Beziehungen etablierte und ein Talent zur Freundschaft hatte, war er im Innersten einsam, erst auf die Protektion von Gönnern, dann auf die Fürsorge von Freunden angewiesen.

Von Widersprüchen geprägt ist auch sein Werk, von dem die Märchendichtung nur ein Teil ist. Dass hier seine eigentliche Begabung lag, wurde ihm relativ spät bewusst, zeit seines Lebens versuchte er sich mehr und weniger erfolgreich auch als Dramatiker, Lyriker, Reisebuch- und Romanschreiber und war als bildender Künstler tätig. Mit seinen Märchen und Geschichten, heute in etwa 150 Sprachen übersetzt, wurde er einer der meistgelesenen Autoren der Welt. Obwohl er sich noch kurz vor seinem Tod heftig dagegen wehrte, nur als Dichter für Kinder zu gelten, haftet ihm dieses Etikett bis heute an, deutlich auch in den Adaptionen, die seine Märchen in den verschiedenen Medien erfahren haben. Literarisch lebt Andersen direkt und indirekt in den Werken zahlreicher Autoren wie Oscar Wilde, Thomas Mann, Vladimir Nabokov und anderer weiter, die seine der Wirklichkeit entsprossenen Phantasien mitsamt Dämonen und guten wie bösen Feen als sehr gegenwärtig empfunden haben und empfinden.

Leben

Kindheit in Odense (1805-1819)

»Anno 1805, Dienstagmorgen um 1 Uhr, den 2. April, wurde dem Schuhmachergesellen Hans Andersen und seinem Weibe Anne Marie Andersdatter ein Sohn geboren, der selbigen Tages in Vakanz von dem Kaplan Herrn Ramsing notgetauft und Hans Christian genannt wurde.« (Zit. n. Oxenvad 1997, S. 14) So lautet der erste amtliche Vermerk über Hans Christian Andersen, zu finden im Kirchenbuch der Sankt-Hans-Gemeinde von Odense, das zu dieser Zeit mit etwa 6 000 Einwohnern die zweitgrößte Stadt Dänemarks war. Mehr als die Hälfte davon lebte in Armut, so auch das Ehepaar Andersen, das zwei Monate vor der Geburt des Sohns geheiratet hatte und erst im darauf folgenden Jahr eine gemeinsame Wohnung bezog. Da war Hans Andersen, Sohn eines armen, später wahnsinnigen Dorfhandwerkers, immerhin »Freimeister«, d. h. zunftfreier Schuhmacher ohne Angestellte. Er konnte seine kleine Familie jedoch mehr schlecht als recht ernähren, das Handwerk machte ihm wenig Freude und brachte ihm noch weniger ein. Andersens Mutter, gut zehn Jahre älter als ihr Mann, hatte schon 1799 eine Tochter zur Welt gebracht, die Andersen sicher gekannt hatte, jedoch später nach Kräften zu ignorieren versuchte. Dass Anne Marie Andersdatter, 1773 oder 1775 unehelich geboren, nichts »von der Welt und vom

Geburt am 2. 4. 1805

Eltern

»Dichternest« – das Haus, in dem Andersen aufwuchs. Gouache von J. H. T. Hanck, 1836

Leben wusste« (MLE 1, S. 27), wie der Sohn rückschauend behauptete, ist zu bezweifeln.

Überhaupt ist Andersens autobiographischen Aussagen nicht immer zu trauen, obwohl sie die wichtigste Quelle sind, was seine Kindheit und frühe Jugend betrifft. Arm, aber reinlich-idyllisch, das ist das Bild, das er von seinem Elternhaus zeichnet. Die oft erwähnte kleine Stube von 18 Quadratmetern war die dritte Wohnung, die seine Eltern bezogen hatten, in der heutigen Munkemøllestræde, und nicht in dem musealen »H. C. Andersens Hus«, das als seine Geburtsstätte nur vermutet wird. Dieser Raum war ausgefüllt mit Schuhmacherwerkstatt, Bett und Schlafbank, und in solcher Enge ging es gelegentlich auch turbulent zu, zumal seine Eltern sonst wenig gemeinsam hatten: »Mein Vater war nicht ohne Bildung und ein hervorragender Kopf, bei meiner Mutter dagegen war alles Herz; sie waren beide ziemlich verschieden, lebten aber doch gut zusammen« (LB, S. 15), erinnert sich Andersen in seiner frühesten Autobiographie. Anne Marie Andersdatter, die als Kind betteln ging, war Analphabetin und abergläubisch, jedoch zupackend und fleißig, kümmerte sich liebevoll um den Sohn und hielt die Familie praktisch über Wasser. Dagegen regte der Vater früh die geistige Entwicklung des Jungen an, las abends vor, bastelte ihm Spielzeug und ein kleines Theater. Verbittert, weil er aus seinen Fähigkeiten nichts hatte machen können, projizierte er seine Zukunftsträume in den Sohn. Er galt als Sonderling, zumal er sich zum allgemeinen Entsetzen auch noch als Freidenker offenbarte.

Im Jahr 1812 verließ Hans Andersen Frau und Kind, um Soldat zu werden, als Gründe gibt der Sohn später an: Begeisterung für Napoleon und die Hoffnung, als Leutnant heimzukehren. Tatsächlich rückte er für einen wohlhabenden Bauernsohn ein, der ihm das gut bezahlte, also aus materieller Not. Obwohl er gar nicht in Kampfhandlungen geriet, war er bei seiner Rückkehr an Leib und Seele gebrochen und starb **Tod des Vaters** bald darauf, nur 34 Jahre alt. Der Sohn hat sich zu seinem väterlichen Erbteil stets bekannt: Neigung zu Literatur und Kunst, Phantasie und Tagträumerei, auch Einzelgängertum und das Bewusstsein, »anders« zu sein. Doch scheint er zu die-

Leben

sem Vater, der ihn verlassen hatte, eine gewisse Distanz zu wahren, wie zu den schwachen Helden in seinen fiktiven Werken, von denen einige seinem Vater gleichen.

Auch die Mutter taucht in Andersens Werken mehrfach auf, am deutlichsten als unschuldig ins Unglück geratene Waschfrau in der Geschichte *Sie taugte nichts*, in der er eine Erklärung dafür gibt, dass sie schließlich dem Alkohol verfiel. Wann sie mit dem Trinken anfing, ist nicht bekannt, vermutlich bald nach dem Tod des Vaters oder noch früher. Andersen schweigt sich darüber in seinen Autobiographien aus, obwohl ihm ihr Alkoholkonsum nicht verborgen geblieben sein kann.

Zur Büchersammlung des Vaters gehörten die Bibel, aus der er dem Sohn offenbar nichts vorlas, Komödien von Ludvig Holberg, die Märchensammlung *Tausendundeine Nacht* und eine dänische Übersetzung des *Sonderlings* von August Lafontaine. Das phantasiebegabte Kind bezog seine geistige Nahrung jedoch noch aus anderen Quellen, so aus dem Zuchthaus von Odense, das für ihn »gleichsam ein Verwahrungsort von Diebes- und Räubergeschichten war« (MLE 1, S. 30). Eine ähnliche Faszination übten auf ihn das Hospital für Geisteskranke, in dem seine Großmutter tätig war, und die dortige Spinnstube aus.

Erste Bildungserlebnisse

> »Mir wurden Geschichten erzählt und Lieder vorgesungen, kurz: Kluge wie Irre taten, was in ihren Kräften stand, um meinem Wesen etwas Romantisches zu verleihen. Oft lag ich vor den Häusern, in denen die Tobsüchtigen wohnten, und hörte mir ihre Reden, ihre Lieder und ihre entsetzlichen Verwünschungen an.« (Hans Christian Andersen, *Lebensbuch*, S. 16)

Dabei war der Junge nicht nur Zuhörer, sondern hielt den alten Frauen selbst phantastische Vorträge, zum Beispiel über die menschlichen Eingeweide. Und »meine Redseligkeit wurde damit belohnt, dass man mir Märchen erzählte; eine Welt, reich wie in *Tausendundeiner Nacht*, tat sich vor mir auf« (MLE 1, S. 34).

In dieser Welt, zu der auch viele in Odense erhalten gebliebene Sitten und Gebräuche gehörten, gab es für den Jungen

Odense zu Beginn des 19. Jahrhunderts, von Osten gesehen.
Kolorierte Radierung von Søren Læssøe Lange, 1805

keinen Unterschied zwischen gedruckter Literatur und mündlich überlieferter Volksdichtung, zwischen Glauben und Aberglauben, er nahm alles begierig auf, auch wenn ihn manches davon so erschreckte, dass er sich im Dunkeln kaum vor die Tür wagte.

Zu Andersens kindlichen Freuden gehörte auch das Theater von Odense, das zu jener Zeit von wechselnden auswärtigen Schauspielertruppen bespielt wurde. Seinen ersten Theaterbesuch absolvierte er im Alter von fünf bis sechs Jahren, als eine deutsche Truppe Holbergs Komödie *Der politische Kannegießer* als Singspiel in einer deutschen Bearbeitung aufführte. Weil sich seine Eltern Theaterbesuche nicht allzu oft leisten konnten, freundete er sich mit einem Plakatausträger an, um wenigstens von ferne Kontakt mit seinem »liebsten Ort« zu halten, und das auf eine kreative Weise: »Obwohl ich nicht ins Theater kommen konnte, so konnte ich jetzt mit dem Plakat daheim in einem Winkel sitzen, und nach den Namen und Personen darauf dachte ich mir eine ganze Komödie aus; dies war meine unbewusste erste Dichtung.« (MLE I, S. 38) Und er spielte mit seinen Puppen Theater, nach seinem ersten Theatererlebnis sogar auf Deutsch, oder was er dafür hielt.

Zu dieser Zeit muss er schon selbst gelesen haben. Bereits 1810 war er kurzzeitig von einer »Lernmutter« unterrichtet worden, danach besuchte er eine Klippschule vorzugsweise für jüdische Kinder und nach deren Auflösung eine Armenschule. **Schulbesuch** Während ihn »Schreiben« nicht sonderlich interessierte – seine Rechtschreibung blieb lebenslang korrekturbedürftig bis chaotisch –, fiel ihm das Buchstabieren so leicht, dass er sehr früh las, was ihm irgend erreichbar war. Mit einer Unbefangenheit und Hartnäckigkeit, die ihm auch später zugute kommen sollte, bat er selbst wildfremde Leute, ihm Bücher auszuleihen. Aus der bunten Mischung seiner ersten Lektüre – Volksbücher, Biographien berühmter Männer und anderes – ragt Shakespeare hervor, dessen Tragödien er sogleich auf seinem Puppentheater inszenierte. Auch die romantische **Theaterspiele** Oper *Das Donauweibchen*, die er vermutlich 1812 sah, spielte er nach.

> »[...] ich dachte mir selbst etwas Kauderwelsch-Deutsch aus, legte mir die Schürze meiner Mutter um die Schultern und war bald Ritter Albrecht, bald darauf schwamm ich auf einem Schemel als Donauweibchen. Meine Mutter, die alle diese Szenen sah, erschrak und glaubte häufig, ich müsse verrückt sein, weshalb sie mir solche Spiele verbot.« (Hans Christian Andersen, *Lebensbuch*, S. 27)

Nicht nur auf die Mutter, die ihn vor anderen stets in Schutz nahm, musste ein solcher Junge absonderlich wirken. Er hatte keine Spielkameraden, obwohl es in seinem Arme-Leute-Milieu von Kindern wimmelte, und in der Armenschule verstand er sich mit dem Lehrer besser als mit seinen Mitschülern, von denen er sich durch schnelle Auffassungsgabe und eigene Interessen und Träume unterschied. »Einige Male wollte ich auch den anderen Kindern von meinen Phantasien erzählen, doch als mir dann eins von den größeren entgegnete, daß ich verrückt sei, verstummte ich und hielt mich zurück.« (LB, S. 19) Nur mit einem kleinen Mädchen, vermutlich jüdischer Herkunft, war er gern zusammen, während ihn größere Mädchen mit Schrecken und Abscheu erfüllten.

Er war sich also früh eines Anders-Seins bewusst und wird es nicht nur als Auszeichnung, sondern wie das hässliche Entlein im Märchen auch als Belastung und Verdammung zur Einsamkeit empfunden haben. Als ihn die Mutter nach dem Tod des Vaters 1816 zum Arbeiten in eine Textilfabrik schickte, trat **Fabrikgänge** der Elfjährige erst einmal singend und rezitierend vor den Gesellen auf und hatte damit so viel Erfolg, dass seine Arbeit auf die anderen Kinder verteilt wurde – was er keineswegs als ungerecht empfand. Am nächsten Tag musste er jedoch die Kehrseite seiner Besonderheit erfahren und wie die anderen arbeiten, »derweilen die Gesellen lustig ihre schamlosen Lieder sangen – ich wurde rot wie Blut und fing zu weinen an, ich war so unschuldig! Zuerst lachten sie mich aus und sagten, ich sei ein Mädchen, dann erlaubten sie sich einen äußerst rohen Spaß, *hoc exquirendo* [...].« (LB, S. 25) Auch der Versuch seiner Mutter, ihn in einer Tabakfabrik unterzubringen, scheiterte, weil er sich in Krankheit flüchtete, wie er später zugab. Doch er wusste seine Außenseiterrolle auch zu seinem Vorteil auszuspielen: »Der wunderliche Zug in meinem ganzen Wesen, der mich von den anderen Kindern meines Standes unterschied, meine Leselust und meine schöne Stimme, all das erregte die Aufmerksamkeit der Leute.« (LB, S. 28) Und er bemühte sich, manchmal singend und deklamierend, um die **Erste Auftritte** Unterstützung von Wohlhabenden und Gebildeten. Dazu gehörten Buchdrucker Iversen, die Witwe Bunkeflod, Bischof Plum und Oberst Høegh-Guldberg, der ihm sogar eine Audienz bei Prinz Christian (ab 1839 König Christian VIII.) verschaffte. »Ich ging zu ihm, spielte ihm einige Szenen von Holberg vor, sang etwas Improvisiertes, und als er mich fragte, ob ich Gefallen an der Bühne hätte, gestand ich das ganz offenherzig ein, fügte jedoch hinzu, die Leute hätten mir geraten, ich sollte *sagen*, ich wolle studieren.« (LB, S. 29) Der Prinz riet ihm zu einem Handwerkerberuf, doch Andersen, der wegen seiner schönen Stimme »die kleine Nachtigall von Fünen« genannt wurde, wusste schon sehr genau, was er *nicht* werden wollte. Während die Straßenjungen »Da läuft der Komödienschreiber!« (MLE 1, S. 48) hinter ihm her riefen, suchte er nach seinem eigenen Weg, obwohl er vom Ziel nur vage Vorstellungen hatte.

Was sollte aus einem armen Jungen mit Träumen und Phantasien, der las, Theater spielte und Puppenkleider nähte, in einer Stadt wie Odense werden, deren wohlhabende Bürger sich von ihm unterhalten ließen, ihm auch Bücher liehen, jedoch nicht auf die Idee kamen, ihm eine bessere Schulbildung zu ermöglichen? Zwar erreichte er die Zulassung zum Konfirmandenunterricht für »bessere« Kinder, doch dem Stiftspropst missfiel nicht nur sein niederer Stand, sondern auch seine Lust am Deklamieren. Die Konfirmation scheint für ihn dann eher ein säkularer als sakraler Akt gewesen zu sein, denn am wichtigsten dabei war, wie er später reumütig bekannte, dass er dafür neu eingekleidet wurde.

Konfirmation

Danach wurde die Berufsfrage wirklich ernst, oder wie es Andersen im *Lebensbuch* formuliert: »Nun sollte ich aus dem Haus und nach dem Willen meiner Mutter das Schneider- oder Buchbinderhandwerk erlernen.« (LB, S. 32) Solchen Vorstellungen setzte der Vierzehnjährige seinen eigenen Zukunftsplan entgegen – er wollte Schauspieler werden. Im *Märchen meines Lebens*, bei dessen Niederschrift er längst seinen Beruf und Anerkennung darin gefunden hatte, antwortet er auf die Frage der Mutter, was er denn in Kopenhagen wolle: »Ich will berühmt werden! [...] Man macht erst ganz entsetzlich viel Schlimmes durch [...], und dann wird man berühmt!« (MLE I, S. 50) Die Mutter lässt jedoch noch eine »kluge Frau« kommen, die ihm dann aus Karten und Kaffee eine großartige Zukunft prophezeit. Im glaubwürdigeren *Lebensbuch* hat diese Wahrsagerin, die noch zu Lebzeiten des Vaters auftritt, die Physiognomie einer Bettlerin und Hexe und ist dem Kind durchaus nicht wohlgesinnt: »›Der wird mehr Glück haben, als er verdient!‹ sagte sie voller Groll, ›das wird ein wilder Vogel, hoch, groß und vornehm wird er in die Welt hinausfliegen – einmal wird man ganz Odense für ihn illuminieren!‹« (LB, S. 15)

Zukunftsprophezeiung

Auch dass der Junge nicht von einem unerklärlichen Drang getrieben wurde, wie er es später darstellte, sondern eine Karriere als Schauspieler anstrebte, erscheint wahrscheinlicher. Im Sommer vor der Konfirmation war es ihm gelungen, sich Zutritt zum Theater zu verschaffen und sogar kleine Statisten-

Erste Theaterrollen rollen zu ergattern. Von einer Schauspielerin namens Hammer erhoffte er sich weitere Unterstützung, wurde von ihr jedoch nur für zweifelhafte Botendienste ausgenutzt. Das größte Theater des Landes befand sich in Kopenhagen, dorthin wollte er und glaubte, mit 13 ersparten Reichstalern und einem Empfehlungsschreiben an eine ihm völlig unbekannte Tänzerin, das er sich von Buchdrucker Iversen erbettelt hatte, ausreichend gerüstet zu sein.

Es war ein tollkühnes Unterfangen, zu dem ihn niemand ermuntert hatte und hinter dem nicht nur das Glücksrittertum eines pubertierenden Jungen steckte. Vielleicht wollte – und sollte – er noch aus anderen Gründen aus dem Haus. 1818, knapp zwei Jahre nach dem Tod seines Vaters, hatte Anne Marie Andersdatter ein zweites Mal geheiratet, wieder einen **Stiefvater** Schuhmacher, der erheblich jünger war als sie und vermutlich genauso arm. Andersen hält sich in seinem Urteil über ihn auffallend zurück: »Er war ganz anders als mein Vater und entsprach vollkommen meiner Mutter, was Charakter und geistige Entwicklung betraf. – Mich behandelte er gut, wollte sich jedoch in keiner Weise in meine Erziehung einmischen, denn die Leute sollten ihn nicht für einen ›bösen Stiefvater‹ halten.« (LB, S. 30) Er war für Andersen also weder Vaterersatz noch Vertrauensperson, und das neue Eheglück der Mutter, die zu dieser Zeit vermutlich schon Alkoholikerin war, spielte sich auf engstem Raum und in Gegenwart des Jungen ab; auch der Umzug in ein kleines Haus mit Garten im April 1819 wird daran nicht viel geändert haben. Die vitale Anne Marie Andersdatter überlebte auch ihren zweiten Ehemann, er starb drei Jahre nach der Hochzeit und ließ sie in größter Armut zurück.

Aufbruch oder Flucht Dem vierzehnjährigen Andersen war klar, dass er in diesem Milieu nicht bleiben konnte, und sein geplanter Aufbruch war auch ein Ausbruch und eine Flucht. Vielleicht brauchte er dafür den Mut der Verzweiflung.

Ankunft in Kopenhagen (1819-1822)

Am 4. 9. 1819 bestieg Andersen als blinder Passagier die Postkutsche und machte sich auf die erste und wichtigste Reise seines Lebens. Der Große Belt, den er zwischen den Inseln Fünen und Seeland überquerte, war für ihn das Meer zwischen Kindheit und Jugend, und der Anblick der Türme von Kopenhagen, wo er am 6. 9. (im *Lebensbuch* nennt er den 5.) ankam, riss ihn zu Tränen hin.

Hier regierte, noch absolutistisch, der Sohn des geisteskranken Christian VII., König Frederik VI., der durch einen Staatsstreich an die Macht gelangt und 1808 König geworden war. Sein Reich, im Wesentlichen eine Agrargesellschaft, hatte in diesen Jahren empfindliche Niederlagen hinnehmen müssen. Auf Seiten Napoleons war es in Konflikt mit Großbritannien geraten, mit katastrophalen Folgen. Im September 1807 wurde die Hauptstadt bombardiert, und die dänische Flotte musste als Kriegsbeute ausgeliefert werden. Dennoch blieb Dänemark alliiert mit Frankreich und damit Kriegsgegner Schwedens und Großbritanniens, was einen Außenhandel so gut wie ausschloss und zu wirtschaftlichem Niedergang, Not und Armut führte. 1813 kam es zum Staatsbankrott, 1814 musste Dänemark im Frieden von Kiel Norwegen an Schweden abtreten und büßte seine Vormachtstellung im Norden endgültig ein.

Vesterport – das westliche Stadttor von Kopenhagen, 1857 fotografiert

Als der junge Andersen mit hochfliegenden Träumen und wenig Gepäck seinen Einzug in Kopenhagen hielt, hat ihn der Gegensatz zum rückständig-kleinstädtischen Odense jedoch vermutlich sehr beeindruckt. Nachdem er eine billige Herberge gefunden hatte, wollte er seine neue Umgebung erkunden und geriet sogleich in ein Ereignis der Zeit, die so genannte Judenfehde, die wenige Tage zuvor, als Nachwirkung antisemitischer Ausschreitungen in mehreren nordwestdeutschen Städten, in Kopenhagen und einigen dänischen Kleinstädten ausgebrochen war. Die Ursache dieser Krawalle, deren Zeuge er unfreiwillig geworden war, ist ihm erst später klar geworden, doch haben sich die gemachten Beobachtungen so

Judenfehde

Vgl. S. 53 und »Nur ein Spielmann«, S. 95

tief bei ihm eingeprägt, dass er sie 1837 in dem Roman *Nur ein Spielmann* als Erlebnisse der Jüdin Naomi schilderte.

Wie erwachsen ist ein Vierzehnjähriger und wie kindlich? Andersen war beides in stärkerem Grad als andere Jungen. Ihm war bewusst, dass er sich von der Entenhof-Kindheit in Odense endgültig losgesagt hatte und sich nun allein durchschlagen musste, ohne jeden Anverwandten. Andererseits war er so kindlich-unbekümmert, dass er sich von den Überlebensproblemen in einem völlig fremden Milieu keine rechte Vorstellung machen konnte und wollte. Doch ganz so treuherzig-naiv – was er mit »unschuldig« gleichsetzt –, wie er in seinen Autobiographien immer wieder beteuert, war er in diesen schwierigen Jahren des Heranwachsens kaum.

> »Ich bin Kind gewesen, bis ich über das Jugendalter hinaus war. Ich habe niemals gekannt, was Jugend eigentlich ist! Ich spüre ein unendliches Bedürfnis, Lust, mich von Grillen und Gewohnheiten loszureißen und als vernünftiger Mensch das Leben zu genießen, es gibt so vieles, was ich vergessen möchte [...].«
> (Andersen in einem Brief vom 16. 2. 1833 an Henriette Wulff; B & B 1, S. 113)

Bittgänge

Der junge Andersen wusste, dass er Hilfe brauchte, und begab sich am Tag nach seiner Ankunft mit seinem einzigen Empfehlungsschreiben zu der Tänzerin Anna Margrethe Schall. Doch sein grotesker Auftritt – er sang und tanzte ihr auf Socken die Rolle der Anine aus dem lyrischen Zauberspiel *Cendrillon* von Etienne Isouard vor – hatte ein niederschmetterndes Ergebnis: »Madame Schall betrachtete mich und hielt mich, wie sie mir später erzählt hat, für ein bißchen verrückt.« (LB, S. 37) Immerhin muss der schlaksige Junge ihr Mitleid erregt haben, denn sie bot ihm gelegentliche Mahlzeiten an. Seine weiteren Präsentationsversuche, bei dem Schriftsteller und Literaturprofessor Knud Lyne Rahbek und bei Frederik von Holstein, dem Chef des Königlichen Theaters, verliefen ähnlich. Für seine letzten Schillinge leistete er sich den Besuch des Königlichen Theaters und erregte während der Oper *Paul und Virginie* von Rodolphe Kreutzer durch heftiges

Schluchzen die Aufmerksamkeit seiner Nachbarn, denen er seinen Kummer und seine Lebensgeschichte sogleich anvertraute, um dann von ihnen mit Butterbrot, Obst und Kuchen getröstet zu werden.

In dieser ziemlich aussichtslosen Lage unterstützte ihn eine Madame Hermansen, mit der er zusammen nach Kopenhagen gereist war. Sie versorgte ihn mit dem Notwendigsten und half ihm bei der Suche nach einem Broterwerb, einer Lehrstelle. Ein Tischlermeister wollte ihn auch einstellen, doch **Arbeitssuche** Andersen brauchte nur einen Arbeitstag, um eine solche Möglichkeit ein für alle Mal für sich auszuschließen, aus ähnlichen Gründen wie damals in der Kleiderfabrik von Odense: Er fühlte sich unter den Lehrjungen und Gesellen, deren »rohe Lustigkeit« ihn verstörte und die ihn sogleich als Außenseiter erkannten, vollkommen fremd.

Anschließend dachte er ernsthaft daran, nach Odense zurückzukehren, allerdings mit der gedanklichen Rückversicherung, »daß unterwegs das Schiff schon untergehen werde und daß mir der liebe Gott ein solches Ende bestimmt habe« (LB, S. 42). Doch weil ihm diese Möglichkeit zu unsicher erschien, nahm er seine Bitt- und Präsentationsgänge wieder auf. Mit Hilfe seiner Lebensgeschichte, die er der Hausmamsell erzählte, verschaffte er sich Einlass bei Giuseppe Siboni, dem Direktor der Gesangsschule des Theaters, der gerade prominente Gäste hatte, darunter der Dichter Jens Baggesen und der Komponist C. E. F. Weyse. Als Andersen ihnen sogleich eine Opernarie vortrug, muss sein höchst amüsiertes Publi- **Auftritt bei Siboni** kum etwas an diesem Provinzjungen bemerkt haben, was nicht nur Mitleid, sondern auch Förderung verdiente: Man sammelte 70 Reichstaler für ihn ein, Siboni versprach ihm Gesangsunterricht und wollte auch für seine Beköstigung sorgen.

Damit glaubte Andersen seine Zukunft erst einmal gesichert, warf dem lieben Gott dankbar eine Kusshand zu und fand eine neue Bleibe: bei einer Hebamme namens Thorgesen, in der verrufensten Gegend der Stadt, was ihm nicht entgangen sein kann und woran er wohl auch nicht so viel Anstoß nahm. Im *Lebensbuch* deutet er unmissverständlich an, dass seine

Ulkegade – eine
Straße, in der
das Geschäft mit
der Prostitution
florierte.
Gemälde von
Alfred Larsen,
1884

Tante, eine Halbschwester seiner Mutter, bei der er Unterstützung zu finden hoffte, einem Kopenhagener Bordell vorstand.

Seine euphorische Stimmung war jedoch nicht von Dauer. Zwar nahm er kurzfristig Deutschunterricht, um sich mit Singmeister Siboni verständigen zu können, doch der ließ ihn Botengänge machen und erteilte ihm nur ein-, zweimal im Monat Unterricht. Als sich nach einem halben Jahr bei seinem Schüler der Stimmbruch bemerkbar machte, war sein Interesse für ihn erloschen.

Wieder suchte Andersen, jetzt etwas erfahrener, nach Protektoren und Sponsoren. So teilte er dem Schriftsteller Frederik Høegh-Guldberg zuerst schriftlich seine Lebensgeschichte mit, ging danach zu ihm und erreichte, dass eine weitere Geldsammlung für ihn veranstaltet wurde. Außerdem erhielt er von Høegh-Guldberg Unterricht im Lesen und Schreiben der dänischen Sprache und später von einem anderen Lehrer in lateinischer Grammatik. Eine Mit-Konfirmandin aus Odense, Laura Tønder Lund, steckte ihm ihr Taschengeld zu, vermittelte ihm bei Freunden eine monatliche Unterstützung und empfahl ihn überall aufs beste. Das verschaffte ihm weitere Beziehungen, die er erstaunlich clever auszubauen und auszunutzen wusste, obwohl er dabei mitunter einen höchst seltsamen Eindruck machte, so auf den Kunsthistoriker Just Mathias Thiele im Juni 1820. Dieser aufdringlich-devote Hungerleider war für jede Gabe dankbar und hielt es offenbar für selbstverständlich, dass er von ihm bis dahin unbekannten Menschen unterstützt wurde. Versuche, durch physische Arbeit oder Gelegenheitsjobs selbst etwas zu verdienen, unternahm er erst gar nicht. Stattdessen trug er die wenigen Schillinge, die er erübrigen konnte, in eine Leihbibliothek und las in seiner winzigen Behausung alles, was er bekommen konnte. Er hatte noch andere Freizeitbeschäftigungen: Wie in Odense spielte er mit einem selbst gebastelten Theater und nähte aus erbettelten Stoffproben Puppenkleider – für einen Jüngling im Kopenhagener Rotlichtmilieu eine ungewöhnliche Beschäftigung.

Leben

»Als ich die Augen vom Papier hob, wurde ich durch den Anblick eines hoch aufgeschossenen Jungen von ganz merkwürdi-
gem Aussehen überrascht, der an der Tür stehend eine tiefe,
theatralische Verbeugung bis zum Boden machte. Seine Mütze
hatte er schon an der Tür weggeworfen, und als sich seine
lange Gestalt, bekleidet mit einem verschlissenen grauen Man-
tel, dessen Ärmel nicht bis zu den ausgemergelten Handgelen-
ken reichten, wieder aufrichtete, begegneten mir ein Paar
kleine chinesische Augen, die einer chirurgischen Operation bedurft hätten, um freie Aussicht zu haben, hinter einer großen,
herausragenden Nase, [...] kurz gesagt, eine überraschende Gestalt, die noch auffälliger wurde, als der Junge, ein paar Schritte
vorwärts machend und sich mehrmals verbeugend, seine pathetische Rede solcherart begann: ›Darf ich die Ehre haben, in
einem Gedicht, das ich selbst geschrieben habe, meine Gefühle
für die Bühne auszusprechen?‹« (Just Mathias Thiele 1820;
Thiele 1917, S. 133 f.)

Durch Vermittlung des Solotänzers Carl Dahlén, der ihn auch
in sein Haus einlud, wurde er im Sommer 1820 in die Ballettschule des Königlichen Theaters aufgenommen. Zwar durfte **Balletteleve**
er im Januar 1821 eine kleine Statistenrolle übernehmen und
im April in Dahléns Ballett *Armida* als Troll auftreten, aber
damit war es mit seiner Ballettkarriere auch vorbei. Die Einsicht, dafür untauglich zu sein, war für ihn schmerzlich; hinzu
kam, dass ihm die Gesellschaft der anderen Eleven nicht be-
hagte, die oft »närrische Dinge« sagten, »doch meine Seele
war rein« (LB, S. 51). Dass er noch mehr Probleme mit ihnen
hatte, klingt in seinem späten Roman *Glücks-Peter* an, dessen
Held als Kind in einer Ballettschule ständig gehänselt und
psychisch, vielleicht auch physisch misshandelt und gedemü-
tigt wurde, bis hin zu einer unfreiwilligen Entblößung.
Auch als Schauspieler wirkte der junge Andersen nicht eben
begnadet, und dass er im Juni 1821 in die Gesangsschule des
Theaters eintreten durfte, half ihm nicht viel weiter – wieder
nur kleine Statistenrollen und Auftritte im Chor, nie als So-
list. Zwar hatte er seinen Bekanntenkreis ständig erweitert
und war sogar bis zu Kronprinzessin Caroline vorgedrungen,

er hatte sich in dem künstlerfreundlichen »Bakkehus« der geistreichen Kamma Rahbek eingeführt und Bittbriefe unter anderem an den Schriftsteller und Theologen N. F. S. Grundtvig und den Dichter B. S. Ingemann geschrieben, doch alle diese Bemühungen hatten ihm nur den Lebensunterhalt gesichert. Ständig hatte er Rollen gespielt – als Sänger, Tänzer, Improvisator, erfolgreicher als Bittgänger und Darsteller seiner eigenen Geschichte, wobei er eine solche Perfektion erreichte, dass er die immer wieder vorgetragene und im Laufe der Jahre ausgebaute Version für seine Art von Wahrheit hielt. Doch schon in Odense hatte er angefangen, selbst Macht über das Rollenspiel auszuüben, mit seinem Puppentheater, mit kleinen dramatischen Aktionen. Dass er im Dänischunterricht ständig nur die Gedichte seines Lehrers Høegh-Guldberg abschreiben und auswendig lernen musste, konnte ihn nicht befriedigen – er hatte sich, trotz mangelhafter Rechtschreibung, längst selbst mit Reimereien und Gelegenheitsversen versucht. Den scheinbar braven, beflissenen Schüler interessierte noch ganz anderes, so eine 1819 anonym erschienene Erzählung *Die Waldkapelle*, ein Produkt deutscher Schauerromantik, die er im Sommer 1821 in eine fünfaktige

Erste Tragödie »Die Waldkapelle« Tragödie umsetzte. Als er das Werk seinem erstaunten Lehrer vorlegte, unterzog der es einer sprachlichen Redaktion und riet ihm dringend davon ab, es beim Theater einzureichen. Andersen hielt sein erstes dramatisches Produkt jedoch »wirklich für meisterhaft und war der Meinung, daß jeder es hören mußte« (LB, S. 60): Kamma Rahbek im »Bakkehus«, wo er sich (nach einem Schauspiel von August von Kotzebue) den Titel »der kleine Deklamator« erworben hatte, die Dichter Ingemann und Adam Oehlenschläger, der Theaterdirektor Olsen und andere. In seiner Erinnerung sagten ihm alle nur Gutes und bewunderten seine Phantasie und Leichtigkeit der Sprache. »Ich war begeistert, und zum ersten Mal tauchte die Idee in mir auf: DU BIST EIN DICHTER!« (LB, S. 60)
Als jedoch Lehrer Høegh-Guldberg zu Ohren kam, dass sich sein Schüler mehr für dramatische Kunst als für lateinische Grammatik interessierte, setzte er ihn kurzerhand vor die Tür und ließ sich weder durch Besserungsversprechen noch durch

flehentliche Bitten umstimmen. Das traf den Sechzehnjährigen tief: »Lange stand ich am Peblingesee und sah den Mond im Wasser leuchten. Der Wind wehte so kalt, und mir kam der häßliche Gedanke: Aus dir kann doch nichts werden! Du bist nicht mehr gut. Gott ist böse, du mußt sterben!« (LB, S. 64) Doch der Gedanke an seine Großmutter, ein erleichternder Tränenschwall und die Bitte an Gott um Vergebung brachten ihn wieder ins Gleichgewicht.

Adam Oehlenschläger, bedeutendster Dichter der dänischen Romantik. Kupferstich von Johannes Britze nach einer Zeichnung von Johannes Riepenhausen, 1809

Bis an sein Lebensende reagierte Andersen auf Kritik jeder Art äußerst empfindlich, wobei er die Fähigkeit, sich durch Zwiesprache mit einem väterlich-gütigen, persönlichen Gott aus seiner Krise herauszuhelfen, mehr und mehr verlor. Diesen Gott, der für ihn allein zuständig war, suchte er weder in der Bibel noch im Gottesdienst, sondern unvermittelt und fast physisch direkt. Und ein solcher Gott, den er mit Kusshänden und Gebeten zu beeindrucken suchte, vertrug sich durchaus mit anderen Glaubensformen. So war er am Neujahrstag 1822 fest davon überzeugt, dass er, wenn er an diesem Tag ins Theater gelangen könnte, das ganze Jahr dort agieren und eine Rolle spielen würde. Doch das Schicksal ließ sich weder durch die Hintertür noch durch ein Vaterunser beeinflussen.

Andersen hatte im September 1821 die Vermieterin gewechselt und bewohnte nun im selben Haus wie zuvor ein fensterloses Zimmer bei Madame Henckel. In dieser Zeit hat er vermutlich regelrecht gehungert und gefroren. Der Physiker Hans Christian Ørsted, den er im Herbst des Jahres aufsuchte, lieh ihm immerhin ein paar Bücher – und wurde einer seiner besten und wichtigsten Freunde.

Während seine Situation als Bühnendarsteller immer hoffnungsloser wurde, setzte Andersen seine Bemühungen als Bühnenautor fort und schrieb, nach einer dänischen Volkssage, eine Tragödie mit dem Titel *Die Räuber in Vissenberg*: »So wie Schiller wollte auch ich das erste Mal mit Räubern auftreten« (LB, S. 61), bemerkt er dazu selbstbewusst und selbstironisch, ließ ein lesbares Exemplar erstellen, was Laura

Weitere Tragödien

Tønder Lund bezahlte, und reichte es im März 1822 bei der Direktion des Königlichen Theaters ein. Drei Monate später erhielt er es mit einer glatten Ablehnung zurück.

Ohne dieses Urteil abzuwarten, hatte er, gedrängt von materieller Not und inspiriert von einer Novelle des Historikers P. F. Suhm, eine weitere Tragödie mit dem Titel *Elfensonne* geschrieben und erntete dafür von seinem selbst gewählten Publikum, darunter Propst Gutfeldt, H. C. Ørsted und Familie, Aufmunterung und Lob. Als er sich bei dem Marineoffizier und Shakespeare-Übersetzer P. F. Wulff damit einführte, fand er in ihm und seiner Familie gute Freunde. Sein Schreibbedürfnis dauerte an: Angeregt durch den Roman *Das Herz von Midlothian oder Das Gefängnis in Edinburgh* von Walter Scott, den er bewunderte, schrieb er eine Geschichte über die »tolle Stine« und nannte sie *Das Gespenst an Palnatokes Grab*.

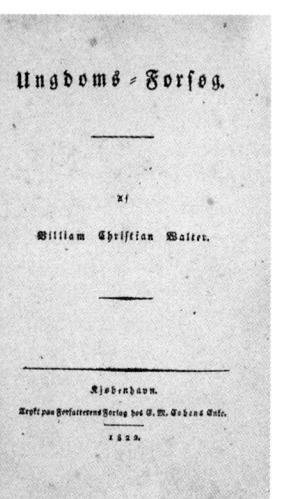

Auch *Elfensonne* wagte er der Theaterdirektion vorzulegen, und im Juni 1822 schaffte er es dank seiner guten Beziehungen zu einem Schauspieler, der wiederum einen Buchdrucker kannte, sein erstes Buch zu publizieren: *Jugend-Versuche von Villiam Christian Walter* (nach Shakespeare, ihm selbst und Walter Scott), das seine bisherigen Werke und einen autobiographischen Prolog enthielt – freilich ohne Erfolg, denn der größte Teil der Auflage wurde später makuliert.

»Jugend-Versuche« – Andersens erstes gedrucktes Buch

Außerdem erschien am 9. 8. 1822 in der ästhetischen Zeitschrift *Harpen* eine Szene aus seinem Drama *Die Räuber in Vissenberg*, und damit wurde sein Name als Autor erstmals öffentlich bekannt.

Dennoch war es für Andersen eine Katastrophe, als ihm die Theaterdirektion am 29. 6. 1822 seine Entlassung als Chorsänger mitteilte. Auch der einflussreiche, kunstinteressierte Staatsbeamte und Mit-Direktor des Königlichen Theaters Jonas Collin, an den er sich ein Jahr zuvor mit einer Bittschrift in Versen gewandt hatte, versuchte ihm klar zu machen, dass er mit seinem Aussehen und seiner Stimme für die Bühne untauglich war.

Doch der junge Andersen hatte in diesen Monaten, in denen er zwischen Rausch und Ernüchterung, Selbstüberschätzung und Selbsterniedrigung schwankte, die lebenswichtige Entdeckung gemacht, dass seine beste Ausdrucksmöglichkeit die Sprache und sprachliche Kreativität seine eigentliche Begabung war. Und er hatte mit seinen unverdrossenen und unverfrorenen Bittgängen und mit seiner persönlichen Ausstrahlung Freunde und Förderer gefunden.

Zwar wurde auch seine *Elfensonne* am 3. 9. als völlig ungeeignet abgelehnt, aber man hielt den jungen Autor für begabt. Zehn Tage später wurde Andersen in eine Sitzung der Theaterdirektion gerufen, wo ihm Knud Lyne Rahbek den Beschluss über sein weiteres Schicksal verkündete: »Wegen des Guten, das mein Stück enthalte, und weil ich ein unverdorbener Mensch zu sein schien, wolle man für meine Ausbildung sorgen. Etatsrat Collin wolle darüber mit dem König sprechen.« (LB, S. 69) Collin nahm sich dieser Aufgabe gewissenhaft an und erreichte in einer Unterredung mit Frederik VI , dass der siebzehnjährige Andersen kostenlos an der renommierten Lateinschule im seeländischen Slagelse unterrichtet und für die Zeit seines Schulbesuchs vom »Fond ad usus publicos« unterstützt werden sollte. Somit waren ihm Ausbildung und Lebensunterhalt fürs Erste gesichert, und am 26. 10. traf er in Slagelse ein.

Finanzierung eines Schulbesuchs

Ausbildungsjahre (1822-1828)

Als der junge Andersen spät abends im Gasthaus von Slagelse, das zu dieser Zeit etwa 2 000 Einwohner zählte, nach den lokalen Sehenswürdigkeiten fragte, nannte man ihm die Bibliothek von Pfarrer Bastholm und die neue englische Feuerspritze. Der Unterschied zu Kopenhagen war groß, und die Veränderungen, die nun in Andersens Lebensweise eintraten, waren noch größer.

Slagelse

Er kam zu einer Amtsvorsteherswitwe in Pension und wurde in die zweitunterste Klasse der Schule aufgenommen: »Die anderen Schüler waren fast noch Kinder, ich überragte sie alle, und sie sahen ihren neuen Kameraden verwundert an. – Mit Latein, Griechisch, Geometrie, Geschichte, Geographie, kurz

Professor Meisling, Andersens tyrannischer Lehrer. Karikatur von J. C. Deichmann

Erste Gedichte

mit allem, sogar mit dem Schreiben und Rechnen, mußte ich von vorn anfangen; in allen Fächern wußte ich so gut wie nichts.« (LB, S. 72) Dass er schon Gedichte und Dramen geschrieben hatte, zählte hier nicht, im Gegenteil: Man hatte ihn in der Hoffnung hierher geschickt, dass ein nützlicher Bürger aus ihm werden könnte – und nicht ein Dichter. Er hatte in kurzer Zeit riesige Wissenslücken auszufüllen und musste sich schinden und seine Kreativität verdrängen, zumindest an der Oberfläche.

Hinzu kam, dass Rektor Simon Meisling, der selbst aus kleinen Verhältnissen stammte und sich als Altphilologe eisern nach oben gearbeitet hatte, alles tat, um seinen ungewöhnlichen Schüler nicht nur zum Lernen anzuhalten, sondern ihm auch sein Selbstwertgefühl zu nehmen. Andersens Schulweg wurde mehr und mehr ein Leidensweg. Dass ihm Jonas Collin, an den er sich mit allen Problemen und Sorgen wenden sollte und dem er sich stets zu Rechenschaft und Dankbarkeit verpflichtet fühlte, die literarische Produktion untersagt hatte, war für ihn ein Gewissenskonflikt, den er zu lösen suchte, indem er sich demütigte und demütigen ließ und trotzdem schrieb. So verfasste er nach dem Tod seines Kopenhagener Gönners Propst Gutfeldt einen Nekrolog in Versen, der als sein erstes Gelegenheitsgedicht am 1. 2. 1823 in einer Provinzzeitung gedruckt wurde, unterzeichnet mit »A«. Weiter schrieb er ein Fastnachtslied, ein Gedicht *An meine Mutter*, das er 1830 in seinen ersten Band *Gedichte* aufnahm, und eine erste Fassung seines Gedichts *Die Seele*. Um lyrische Meisterwerke handelt es sich bei diesen Versen, von denen es vermutlich noch mehr gegeben hat, gewiss nicht, sie verraten jedoch ein Gespür für Reim und Metrum, das Andersen nicht auf der Schulbank gelernt hatte.

An seinen wenigen freien Tagen besuchte er häufig den Dichter Ingemann, der Lektor an der nahe gelegenen Akademie von Sorø war. Bei ihm fand er eine Gegenwelt zum »fabrikmäßigen« Schulbetrieb in Slagelse, konnte endlich über Poesie reden und traf andere Gleichgesinnte: Frederik (Fritz) Carl

Petit (später Schriftsteller und Übersetzer) und Carl Bagger (später Bohème-Dichter).

Für weitere Reisen blieben ihm nur die Ferien. Zu Weihnachten 1822 begleitete er die Familie Meisling nach Kopenhagen, und in den Osterferien 1823 fuhr er erstmals wieder nach Odense. Hatte er wirklich nicht eher Zeit, Geld und Gelegenheit für einen Besuch der Heimatstadt gehabt? In einem Brief an Buchdrucker Iversen nennt er noch einen anderen Grund: »Ich sagte Ihnen letztens in Kopenhagen, dass ich nicht eher nach Odense kommen würde, bis ich mich einigermaßen anständig gekleidet zeigen könnte, jetzt sehe ich mich, Gott sei Dank, dazu imstande […].« Und er bittet ihn für die wenigen Tage seines Aufenthalts um Quartier, denn seine Mutter habe für ihn kein Bett, »da ihre Lage beschränkt« sei (B&B 1, S. 3). Nicht davon ist in seinen Autobiographien die Rede, sondern von einem geradezu triumphalen Einzug: »[…] in der ersten Straße begegnete ich meiner Mutter, sie weinte und konnte mein Glück gar nicht fassen. […] Die Leute betrachteten mich mit Verwunderung, die einfachen, die mich schon vorher gekannt hatten, nannten mich Herr Christian, denn meinen Familiennamen wußten sie nicht recht.« (LB, S. 80) Die zunehmende Trunksucht der Mutter verschweigt er ebenso wie den Tod ihres zweiten Mannes, seines Stiefvaters, und hat sich nun deutlich über ihren Stand erhoben. Aus den Briefen, die Anne Marie Andersdatter an den Sohn diktierte, geht hervor, dass er ihr nicht allzu häufig schrieb und ihre Bitten um Unterstützung nicht immer erfüllte. Er besuchte sie erst 1825 wieder, als sie bereits einen Platz im Armenstift »Doctors Boder« hatte.

Kopenhagen war ihm jetzt in jeder Beziehung näher – dorthin reiste er in den Ferien, besuchte Freunde und Gönner und das Theater. In Slagelse gab es zwar eine Dramatische Gesellschaft, jedoch außer Fastnachtsspäßen und Vogelschießen kaum andere Unterhaltung. Eine öffentliche Hinrichtung im nahe gelegenen Skelskør, bei der er mit seinen Schulkameraden zusah, machte auf ihn einen erschütternden Eindruck. Ansonsten hatte er nur die Schule. Zwar schaffte er den Übergang in die nächste Klasse, konnte auch seine Zensuren er-

Besuch in Odense

Trunksucht der Mutter

heblich verbessern, nicht aber die Beziehung zu seinem Rektor. »Auch mein Äußeres diente ihm als Zielscheibe für seine Einfälle, die nicht immer witzig waren. ›Shakespeare mit den Vampiraugen‹ nannte er mich.« (LB, S. 85) Als er im Oktober 1825 als Kostgänger bei der Familie Meisling einzog, was ihr 200 Reichstaler jährlich einbrachte, war er diesem Tyrannen auch noch in der Freizeit ausgeliefert, lernte allerdings nun dessen Schwächen und die hygienischen Zustände im Hause Meisling kennen, die er als »eine große Schweinerei« (LB, S. 103) bezeichnete. Dass der furchterregende Rektor von seiner Gattin nach Strich und Faden betrogen wurde, blieb dem jetzt zwanzigjährigen Andersen nicht verborgen, zumal er ihr Interesse ebenfalls erregte.

Kostgänger bei Meislings

> »Eines Abends trat sie bei mir ein und erzählte mir, sie sei in letzter Zeit so abgemagert, daß ihr das Kleid ganz lose am Leib hänge, ich solle doch bitte nachfühlen. Ich verbeugte mich vielmals vor der Gattin meines Rektors, sie schenkte mir einen ganz vorzüglichen Punsch ein, war überaus freundlich und gut – aber, ich weiß selbst nicht, ich fühlte mich wie auf Nadeln. Ich glaubte, ihr gewiß Unrecht zu tun, doch ich mußte Schlimmes von ihr denken, lief davon, sobald ich konnte, und zitterte am ganzen Körper. [...] Doch Gott sei Dank war in mir ein guter Grund, in kindlicher Unschuld flatterte ich vorüber und vergaß all das Böse, das mich umgab.« (Hans Christian Andersen, *Lebensbuch*, S. 102)

Ganz so naiv, wie er behauptete, konnte Andersen nach seinen häuslichen Erfahrungen in Odense und den Beobachtungen in Kopenhagen nicht gewesen sein, und in seinem Tagebuch, das er 1825 zu führen begann, taucht immer wieder das Zeichen φ (später x und +) auf, was vermutlich Masturbation, Pollution oder Erektion bedeutete. Er hat Inger Cathrine Meisling später in seinem Roman *Der Improvisator* als üppige Neapolitanerin verewigt, deren erotischen Künsten der Protagonist nur deshalb widersteht, weil ihm noch rechtzeitig ein Madonnenbild auf den Kopf fällt. In anderen Romanen taucht sie weniger sinnlich-gefährlich und humorvoller gezeichnet auf – offenbar hat ihr Andersen so viel nicht nachge-

Vgl. S. 94

tragen. Dagegen konnte sich Simon Meisling in seinem Prosadebüt 1829, *Fußreise von Holmens Kanal zur Ostspitze von*
Amager in den Jahren 1828 und 1829, als leibhaftiger Teufel
wiederfinden, und Meisling-Alpträume notierte Andersen im
Tagebuch bis kurz vor seinem Tod.

Vgl.
S. 101 f.

Seine Tagebuchaufzeichnungen aus dieser Zeit offenbaren ein
Chaos von Emotionen: Selbstzweifel bis zur Selbstzerflei-
schung, naiv-listige Versuche, mit dem Herrgott zu hadern
und zu handeln, pathetische Ausbrüche, hochfliegende Dich-
terträume und tiefe Abstürze, sexuelle Nöte, kritische Selbst-
betrachtungen und Todesgedanken.

Aber er wurde auch in die oberste Klasse versetzt und fuhr in
den Weihnachtsferien 1825 wieder nach Kopenhagen, eingeladen von der Familie des Marineoffiziers und Übersetzers
Wulff, der ihm sogleich drei Bände Dramen von Shakespeare
schenkte. Da ist in seinen Aufzeichnungen von Selbstquälerei
und Erniedrigung nicht mehr die Rede, und als er am Fenster
seines Gästezimmers in einem der vornehmen Amalienborg-
Schlösser steht, fühlt er sich in jeder Weise obenauf: »[...] es
geht mir, wie es Aladdin gegen Ende des Stückes ausspricht,
als er aus dem Fenster des Schlosses sieht. Vor 5-6 Jahren ging
ich auch dort unten, kannte nicht einen Menschen in dieser
Stadt, und jetzt kann ich mich hier oben bei einer lieben und
geachteten Familie an meinem Shakespeare laben [...].« (TB,
S. 18) Der Vergleich mit Aladdin, dem Titelhelden des gleichnamigen, von dem Märchen in *Tausendundeiner Nacht* inspi-
rierten Lustspiels von Adam Oehlenschläger, ist nicht zufällig:
Wie dieser Prototyp der dänischen Hochromantik wollte auch
Andersen ein Glückskind und Naturgenie sein oder sich dazu
dichten.

Weihnachten
in Kopenhagen
1825

Er besuchte Adam Oehlenschläger in diesen Ferien auch persönlich, las ihm aus seinen Werken vor und ließ sich »Sinn für
das Poetische« bescheinigen, obwohl Oehlenschläger meinte,
er sei mehr für »das Komische« geeignet (LB, S. 107). Andersens Verehrung für diesen ranghöchsten Dichter der Zeit war
so groß, dass er sogar beschloss, sich in dessen Tochter Lotte
zu verlieben. Doch später gab er ehrlich zu, dass er es eigentlich auf den Vater abgesehen hatte.

Teufel.
Scherenschnitt
von Andersen

Mit Schulbeginn fingen wieder die alten Leiden an. Zwar zog Andersen zusammen mit Meislings im Mai 1826 nach Helsingør, wo Simon Meisling Rektor der Lateinschule wurde

Umzug nach Helsingør

und wo »alles einen flotteren Zuschnitt als in Slagelse« hatte (LB, S. 117), doch erging es ihm hier nur noch schlechter. Andersen war Meislings Sadismus insofern ausgeliefert, als er den für ihn bezahlten Unterricht nicht verlassen konnte und sich seinen Gönnern verpflichtet fühlte, zumal er Jonas Collin mehrfach um dringend notwendige Stiefel und Bekleidung bitten musste. Auf keinen Fall wollte er zurück in Armut und Bedeutungslosigkeit und betrachtete einen höheren Schulabschluss als die notwendige Voraussetzung für einen weiteren Aufstieg. Auch Rektor Meisling wollte seinen von prominenter Seite geförderten Schüler nicht verlieren, und als dieser tatsächlich einmal seine Sachen packte, lenkte er sofort ein und bemühte sich um Freundlichkeit. Dagegen spornte ihn gerade Andersens Unterwürfigkeit zu immer neuen Exzessen an.

> »Ich hatte den innigen Wunsch zu sterben, das war mein Gedanke, wenn ich mich abends niederlegte, dieser Gedanke wurde am Morgen in mir wach, und mit Furcht und Grauen vor den ersten zwei Stunden, den Unterrichtsstunden bei M., ging ich an meine Arbeit. Dieser [...] war bemüht, mich vor allen anderen lächerlich zu machen; am Ende glaubte ich, er habe recht, gab mich vollkommen selber auf und lernte nur noch, weil Collin und meine Freunde es wünschten.« (Hans Christian Andersen, *Lebensbuch*, S. 126)

Jonas Collin und andere Freunde rieten Andersen zum Aushalten und Dulden, was er nach außen hin auch tat. Er reagierte sich in verzweifelten Tagebuchnotizen ab und schrieb, zur Selbstbehauptung, weiter Lyrik. Im Juli 1826 verfasste er das Gedicht *Der Abend*, das Beobachtungsgabe, Sprachwitz und Selbstironie verrät und als sein frühestes Naturgedicht gilt.

»Das sterbende Kind«, vgl. S. 92 f.

Ganz anders ist der Grundton jenes etwa einen Monat später entstandenen Gedichts mit dem Titel *Das sterbende Kind*, in dem er in eingängigen Versen den Tod als sanftes Einschlafen im Arm der Mutter und als Erlösung schildert – ein Sujet, das Andersen danach häufiger gestaltete. Dieses Gedicht wurde sein erster wichtiger Erfolg. Zwar fällte Meisling, dem Andersen es zur Erleichterung seines Gewissens vorlegte, ein unsachlich-kränkendes Urteil, doch als der Autor es dem deutschen Diplomaten, Schriftsteller und Übersetzer Ludolph Schley vortrug, der sich gerade in Helsingør aufhielt, war der so begeistert, dass er es ins Deutsche übersetzte. Am 25. 9. 1827, erst nach Andersens Weggang aus Helsingør, erschien das dänische Original, zusammen mit Schleys Übersetzung und nur mit »H« gezeichnet, in der Zeitschrift *Kjøbenhavnsposten* und erregte sofort Aufmerksamkeit, wurde danach mehrfach gedruckt und in andere Sprachen übersetzt. In Dänemark erfreute sich *Das sterbende Kind* einer solchen Beliebtheit, dass es in den 1850er Jahren für vier Schillinge auf dem Jahrmarkt zu kaufen war.

Vorerst schrieb Andersen weiter jammervolle Briefe und klagte Jonas Collin und anderen Bekannten sein Leid. Als sich Collin im November 1826 deshalb an Meisling wandte, erhielt er nur eine äußerst unwirsche Antwort und unternahm nichts, um dem unglücklichen Schüler wirklich zu helfen. Erst Anfang des Jahres 1827 gab es für Andersen, der sich inzwischen am Rand einer Psychose befand, einen Lichtblick: Christian Werliin, ein neuer Hebräischlehrer, kam an die Schule, und in ihm, der nur ein Jahr älter war, fand Andersen einen Vertrauten, der seinen Zustand und seine Not erkannte. In seiner Begleitung fuhr er im April nach Kopenhagen, wo er »geistig Leben oder Tod erwartete« (LB, S. 131). Als Collin immer noch zum Aushalten riet, führte Werliin mit ihm ein Gespräch unter vier Augen, dessen Inhalt nicht überliefert ist. Auf jeden Fall muss Collin etwas so Skandalöses erfahren haben, dass er Andersen sofort anwies, Rektor Meislings Haus zu verlassen und sich in Kopenhagen durch Privatunterricht auf das Abitur vorzubereiten. »Fahren Sie zur Hölle!« (LB, S. 134) waren Meislings Abschiedsworte.

Jonas Collin, Andersens väterlicher Gönner

Rückkehr nach
Kopenhagen

Unmittelbar nach seiner Entlassung aus der Tyrannei verfiel der junge Andersen in einen Freiheitsrausch. Er bezog eine Dachkammer in der Kopenhagener Innenstadt und sicherte sich die Möglichkeit, täglich mit Ausnahme des Sonntags bei befreundeten Familien wie den Wulffs, Collins, Ørsteds u. a. am Abendessen teilzunehmen. Dieses kostengünstige Arrangement behielt er fast sein ganzes Leben bei, auch als wohlhabender und berühmter Dichter.

> »Wie der Vogel in der Luft fühlte ich mich nun in Herz und Seele, jede Sorge, jede Grille war vergessen, und es schien, als wollte meine angeborene Munterkeit, die bis dahin eingedämmt gewesen war, nun fast zu wild hervorbrechen.« (Hans Christian Andersen, *Lebensbuch*, S. 135)

Mit seinem Privatlehrer, dem Theologen und Historiker Ludvig Christian Müller, verstand er sich offenbar gut, außer in Fragen der Religion, denn wie sein freigeistiger Vater bestritt er die Existenz von Hölle und Teufel. Obwohl er fleißig lernte, hatte er jetzt mehr freie Zeit und schrieb Gedichte, die er im Bekanntenkreis vortrug, ohne zu bemerken, dass er sich damit manchmal lächerlich machte. Und er knüpfte wieder eifrig Beziehungen; so lernte er bei der Familie Ørsted den berühmten Schriftsteller Johan Ludvig Heiberg kennen, den tonangebenden Kritiker und Geschmacksrichter der Zeit, der dann auch einige seiner Gedichte in der Wochenschrift *Kjøbenhavns Flyvende Post* abdruckte.

Johan Ludvig
Heiberg

Regelmäßig traf er sich mit den gleichaltrigen Literaten Bagger und Petit in einem »Serapionsklub«, was auf ein gemeinsames Interesse für E. T. A. Hoffmann deutet, den Andersen in diesen Jahren eifrig las. Das Trio war sich jedoch nicht in allen Fragen einig, die anderen machten sich über Andersens Unschuld lustig, der ihnen ihre lockere Lebensweise aber nicht verübelte: »Da ich bei Frau M. in die Schule gegangen war, mußten mir diese Anschauungen ja ganz natürlich sein [...], dagegen stieg meine Verachtung für die Frauenzimmer in einem solchen Grade, daß gewiß DIESE es war, was mich noch unverdorben und unschuldig bewahrte.« (LB, S. 142)

Leben

Zu solchen Frauenzimmern zählte er nicht die etwa gleich-
altrige Henriette, genannt Jette, die hochbegabte älteste Toch-   **Jette**
ter von P. F. Wulff. Im Gegensatz zu ihrer Mutter, die ihm mit   **Wulff**
pädagogischem Impetus das Dichter-Bewusstsein austreiben
wollte, hatte sie für ihn Verständnis: »Ihr Lob, ihr Humor haben auf mich eingewirkt; sie ist schuld an den meisten meiner
komischen Gedichte, für die sie meinen Sinn mehr und mehr
weckte, während sie mich vom Sentimentalen weggedrängt
hat. Nicht einmal *Das sterbende Kind* fand recht bei ihr Gna-
de.« (LB, S. 132) Zu ihrem innig-geschwisterlichen Verhältnis,
das bis zu Jette Wulffs tragischem Tod 1858 bestand, trug vielleicht bei, dass auch sie auf ihre Art Außenseiterin war – sie
war keine Schönheit, sondern klein und verwachsen.
Trotz heftigen Nasenblutens konnte Andersen am 22. 10. 1828   **Reifeprüfung**
die Reifeprüfung an der Universität mit der Hauptzensur
»recht gut« bestehen. Kurz darauf wurde er wie alle Studenten
zu einer Art Militärdienst im Königlichen Leibkorps einberu-
fen, und 1830 avancierte er zum Unteroffizier. Ein Jahr nach
dem Abitur bestand er das »Examen philosophicum et philo-
logicum«, das Voraussetzung für den Erwerb eines akademi-
schen Grades war, mit dem Prädikat »lobenswert«.
Damit hatte er der Pflicht genügt, hielt seine offizielle Ausbildung für beendet und wollte nur noch schreiben. Doch mit
der Unterstützung, die ihm im November vom »Fond ad usus
publicos« für weitere zwei Jahre gewährt wurde, war sein Lebensunterhalt als freier Schriftsteller keineswegs gesichert.
Der eben noch demütig-geduckte Andersen bewies, nicht
zum ersten und letzten Mal, dass er Selbstvertrauen und Be-
reitschaft zum Risiko besaß.

Erste Erfolge, erste Enttäuschungen (1828-1833)

Zwei Tage nach der Abiturprüfung erschien in Heibergs Zeitschrift *Kjøbenhavns flyvende Post* das satirische Gedicht *Der
Reimteufel* von Hans Christian Andersen – das »Dichtverbot«
galt nicht mehr. In der Zeit vor dem Abitur war er jeden Tag
zu seinem Lehrer nach Christianshavn auf der Insel Amager
getrabt und hatte dabei ein neues literarisches Projekt ange-
dacht, in dem er sich auf phantastische Weise mit seiner inne-

ren und äußeren Welt befasste. Erste Proben davon und eine werbewirksame Ankündigung wurden im November 1828 in Heibergs Zeitschrift gedruckt, und am 2. 1. 1829 erschien das fertige Werk – im Selbstverlag, denn Verleger C. A. Reitzel wollte dem unbekannten Autor nur 70 statt der geforderten 100 Reichstaler dafür zahlen – mit dem Titel *Fußreise von Holmens Kanal zur Ostspitze von Amager in den Jahren 1828 und 1829.*

Prosadebüt, vgl. S. 101 f.

Das Buch erregte Aufsehen, zumal Heiberg es wohlwollend rezensierte. Die 500 Exemplare der ersten Auflage waren so schnell verkauft, dass bereits am 11. 4. 1829 die leicht veränderte zweite Auflage folgte, diesmal im Verlag von C. A. Reitzel, mit dem gewünschten Honorar. Trotz einiger kritischer Stimmen, darunter die der Romantiker Adam Oehlenschläger und Carsten Hauch, war Andersen in der literarischen Szene damit wirklich präsent.

Bei der Drucklegung der *Fußreise* hatte ihn Edvard, der zweite Sohn von Jonas Collin, mehrfach tatkräftig unterstützt, und Andersen, der sich im Hause Collin allmählich heimisch fühlte, begann nun auch zu dem gut drei Jahre Jüngeren Zutrauen zu fassen, woraus immer mehr Zuneigung wurde.

Sein Produktivitätsschub hielt an. Er wandte sich erneut der Dramatik zu; sein heroisches Vaudeville *Liebe auf dem Nikolai-Turm oder Was sagt das Parterre*, das nach kontroversen Diskussionen vom Königlichen Theater angenommen wurde, erntete bei der Uraufführung am 25. 4. 1829 Beifall und Pfiffe und wurde bald wieder abgesetzt.

Erste Aufführung eines Theaterstücks

Nachdem er mehrere Gedichte in Zeitschriften und Zeitungen veröffentlicht hatte, erschien Ende 1829 (mit der Jahreszahl 1830) eine erste Buchausgabe seiner Lyrik mit dem Titel *Gedichte*. Beschlossen wurde der Band von einem Stück Prosa: *Der Tote, ein fünensches Volksmärchen* – Andersens erste gedruckte Märchenerzählung, die er später zu dem Märchen *Der Reisekamerad* umarbeitete. In seiner Vorrede bekundet er die Absicht, bei günstiger Aufnahme in dieser Weise fortzufahren und einen Zyklus dänischer Volksmärchen vorzulegen. Doch der Beifall blieb aus bzw. galt nur den Gedichten, und Andersen ließ diesen Plan fürs Erste ruhen. Stattdessen wand-

Erstes Märchen gedruckt, vgl. S. 103

te er sich einem Romanprojekt zu, das ihn bereits in Slagelse beschäftigt hatte und den Arbeitstitel *Der Zwerg Christians II.* trug. Um die Gegenden kennen zu lernen, in denen sich die historischen Ereignisse abgespielt hatten, die er darin schildern wollte, machte er sich im Sommer 1830 zu einer Reise nach Jütland und Fünen auf – er hatte jetzt 400 Reichstaler zusammengespart und reiste nicht mehr als unbekannter Habenichts. In Jütland knüpfte er eine ganze Reihe von Kontakten, interessierte sich jedoch auch lebhaft für eine wandernde Zigeunerfamilie und setzte dann nach Fünen über. Nach einem Besuch bei seiner Mutter in Odense verbrachte er einige Wochen als Gast der Witwe von Buchdrucker Iversen auf dem Landsitz Tolderlund. Offenbar bedrückten ihn in dieser Zeit existentielle Sorgen verschiedener Art: »Allmächtiger Gott! Dich allein habe ich, du lenkst mein Schicksal, dir muß ich mich ergeben! Gib mir ein Auskommen! Gib mir eine Braut! Mein Blut will Liebe, wie mein Herz es will!« (TB, S. 25) heißt es in einem erhaltenen Tagebuchfragment von dieser Reise.

Selbstporträt 1830-33

So disponiert, traf Andersen am 6. 8. 1830 im Städtchen Faaborg ein, um einen Studienfreund, den Kaufmannssohn Christian Voigt, zu besuchen. Dessen Schwester Riborg, die schon als verlobt galt, machte auf ihn sogleich einen tiefen Eindruck – durch ihr Aussehen, ihre Kindlichkeit, ihr Interesse für seine Gedichte.

Er selbst scheint zeit seines Lebens auf Frauen, die er verehrte und mit denen er befreundet war, keine erotische Anziehungskraft gehabt zu haben, was sicher nicht nur an seinem Äußeren lag: Er war etwa 1,85 m groß, hager, hatte riesige Hände und Füße, eine auffallend große Nase und feminine Züge, war stets sorgfältig gekleidet und frisiert und fiel mehreren Zeitgenossen als nicht eben maskulin wirkender Modegeck auf.

Wirkung auf Frauen

Anstatt Riborgs Nähe und die Gastfreundschaft der Familie Voigt möglichst lange zu genießen, brach er fluchtartig auf, getrieben von einer »seltsamen Seelenunruhe« (LB, S.170),

Riborg Voigt

die er selbst nicht verstand. Was war der Grund für seine Beunruhigung? In seiner ersten Autobiographie nennt er nur »ein angenehmes Gefühl, wenn ich mir die einzelnen Begegnungen mit IHR und unsere Gespräche ins Gedächtnis zurückrief« (LB, S. 171), und keineswegs Leidenschaft.

Im Oktober des gleichen Jahres begegnete er ihr in Kopenhagen wieder, wo sie zu Besuch war. Er besuchte sie häufig, las ihr seine neueste Dichtung vor, ein Opernlibretto nach Gozzis *Der Rabe*, und verehrte ihr mehrere Gedichte, darunter eins, das er dann 1832 in seinem Libretto des Singspiels *Die Braut von Lammermoor* wieder verwandte, 1833 ohne Widmung in seine *Gesammelten Gedichte* aufnahm und das in Edvard Griegs Vertonung die Zeiten überdauert hat. Das war gewiss eine Liebeserklärung, die Frage ist nur, inwieweit diese Liebe eine Dichtung war, in der ihr Autor die Hauptrolle spielte. Andersen schildert seine Beziehung zu Riborg Voigt im *Lebensbuch* als den großen Liebesroman seiner Jugend, wobei er sich von Anfang an in der Rolle des unglücklichen Liebhabers wähnte und sich immer mehr in sie hineinsteigerte – und -dichtete. Diese Literarisierung erfolgte zwei Jahre später in seinem ersten autobiographischen Text, den er schon in Hinblick auf Leser konzipiert hatte. Einer davon war Edvard Collin, dem er das Manuskript 1833 übergab. War er vielleicht der wichtigste Adressat?

> »Bist mein Gedanke ganz allein geworden,
> Du meines Herzens erste Seligkeit!
> Ich liebe dich, wie niemand hier auf Erden,
> Ich liebe dich in Zeit und Ewigkeit.«
>
> (Hans Christian Andersen, *Lebensbuch*, S. 173)

In den späteren Autobiographien verliert er über seine Beziehung zu Riborg nur wenige Zeilen, spricht gar von Selbsttäuschung und nicht von der größten Liebe seines Lebens. Als er der verheirateten Riborg mit Mann und Kindern im Sommer 1843 wieder begegnete, inspirierte sie ihn noch einmal zu einer Dichtung: Er schrieb nach diesem Zusammentreffen das Märchen *Das Liebespärchen*, in dem sich ein hölzerner Kreisel in ein Bällchen aus Saffian verliebt. War das womöglich die eigentliche Geschichte?

»Das Liebespärchen«

»Je länger der Kreisel an das Bällchen dachte, desto größer wurde seine Sehnsucht; gerade weil er es nicht bekommen konnte, liebte er es um so mehr, und daß es einen anderen genommen hatte, das war das Aparte daran. [...] So vergingen viele Jahre – und da war es eine alte Liebe [...] – die geht vorüber, wenn die Liebste fünf Jahre in einer Wasserrinne gelegen und getrieft hat, ja, man erkennt sie nicht wieder, wenn man sie im Abfalleimer trifft.« (Hans Christian Andersen, *Das Liebespärchen*; MuG 1, S. 169 f.)

Sie hat noch einen Nachtrag oder letzten Akt. Kurz vor seinem Tod verfügte Andersen, dass der Inhalt eines Lederbeutels, den er an seinem Körper verwahrte, ungelesen verbrannt werden sollte. Dieser Beutel wurde tatsächlich gefunden, und Edvard Collins Sohn Jonas, mit dem Andersen ebenfalls eine emotionale und krisengeschüttelte Beziehung verbunden hatte, erfüllte den Auftrag. Es soll sich um Riborgs Abschiedsbrief gehandelt haben, dessen Inhalt Andersen allerdings schon 1833 im *Lebensbuch* und also auch Edvard Collin mitgeteilt hatte. Dass er ihn so viele Jahrzehnte bei sich getragen haben sollte, ist jedoch unwahrscheinlich, und vielleicht war das seine letzte Selbstinszenierung.

Dass Andersen gegen Ende des Jahres 1830 immer bedrückter wurde, hatte seinen Grund nicht nur in der unglücklichen Riborg-Geschichte, unter der er ganz sicher gelitten hat. Sie regte ihn zu einer Reihe von bitter-süßen Gedichten an, die am 10. 1. 1831 in der Sammlung *Phantasien und Skizzen* erschienen und deutlich den Einfluss Heines verraten. Der war ihm nun wichtiger geworden als E. T. A. Hoffmann, und auch vom Ästhetizismus des Heiberg-Kreises löste er sich jetzt allmählich, zumal er im Dezember 1830 in einem anonym erschienenen Werk des Heiberg-Kombattanten Henrik Hertz mit dem Titel *Gespensterbriefe oder Poetische Episteln aus dem Paradies* persönlich diffamierend angegriffen worden war. Wie er im *Märchen meines Lebens* berichtet, bekam er noch mehr Vorwürfe gegen seine Person zu hören: »Alle belehrten sie mich, fast alle sagten, Lob würde mich verderben, und deshalb wollten *sie* mir die Wahrheit sagen; so hörte ich ständig

»Phantasien und Skizzen«

nur von meinen Fehlern, den wirklichen und den möglichen Schwächen.« (MLE 1, S. 110)

Zu jenen, die ihn erziehen wollten, zählte er die Familie Collin, die ihn zwar großzügig aufgenommen und ihm ein »Heim der Heime« geboten hatte, ihn jedoch fortwährend spüren ließ, dass er in ihrem Kreis schon wegen seiner sozialen Herkunft nicht ebenbürtig war. Jonas Collin, »der Vater«, wie er ihn nannte, war für Andersen eine Respektsperson, die er verehrte und fürchtete, der seine Dankbarkeit zu bekunden er nicht müde wurde und von der er sich andererseits abhängig und unterdrückt fühlte. Dieser korrekte, gewissenhafte Staatsbeamte, der die Dichter-Ambitionen seines Pfleglings nur akzeptieren und nicht verstehen konnte, war ihm stets eine zuverlässige Hilfe, nicht nur praktisch-materiell, sondern auch mit echter Zuneigung – und kannte seine Eigenheiten und Schwächen. Er muss sich in dieser Zeit ernsthaft um Andersens seelisches Gleichgewicht gesorgt haben, und schließlich riet er ihm zu einer Reise.

Erste Auslandsreise Am 16. 5. 1831 brach Andersen, finanziell leidlich abgesichert, per Dampfschiff zur ersten Auslandsreise seines Lebens auf – es war der Auftakt zu einer fast manischen Reisetätigkeit. Im Laufe seines Lebens unternahm er neben zahlreichen Inlandsreisen insgesamt 30 Auslandsreisen, deren Charakter unterschiedlich war. Die Grundmotive sind jedoch schon bei dieser ersten Reise nach Deutschland zu erkennen. Er fühlte sich lebenslang von innerer Unruhe und Rastlosigkeit getrieben, hat sich oft als eine »Zugvogelnatur« bezeichnet und nach einer Erklärung für diesen Wesenszug gesucht.

Und er wollte so viel wie möglich von der Welt kennen lernen, Eindrücke und Anregungen sammeln, auch als Material für seine Dichtung. Am prägnantesten drückte er das 1846 in einem Brief an Henriette Collin aus: »Reisen heißt leben, da wird das Leben reich und munter, man ernährt sich nicht wie der Pelikan vom eigenen Blut, sondern von der großen Natur.« (Collin 2, S. 95). Das sollte so etwas wie ein Wahlspruch für ihn werden. Auf Reisen war er wie daheim stets um Kontakte und nützliche Beziehungen bemüht, später ging es ihm mehr und mehr darum, sich als Dichter feiern und von

Leben

»In allem, was in mir lebt und eigentlich meinen Grundcharakter ausmacht, ist ein seltsames Eilen! Je interessanter mir ein Buch erscheint, desto schneller will ich es zu Ende lesen, um seinen gesamten Eindruck zu bekommen. Auf meiner Reise erfreut mich nicht eigentlich das Gegenwärtige, ich eile nach etwas Neuem, will wieder ein anderes erreichen. Jeden Abend, wenn ich mich zur Ruhe lege, sehne ich mich nach dem nächsten Tag, wünsche mir, er wäre da, und wenn er da ist, beschäftigt mich doch eine entferntere Zukunft. Selbst der Tod hat für mich etwas Interessantes, etwas Wunderbares, weil sich dann eine neue Welt für mich eröffnet. Was ist es wohl eigentlich, wonach mein unruhiges Ich eilt?« (Hans Christian Andersen; FR, S. 213 f.)

möglichst vielen vornehmen Häuptern empfangen zu lassen, während sich Entdeckerfreude und ursprüngliche Neugier abschwächten.

Die hatte er noch, als er im Mai 1831 in Lübeck von Bord ging und weiter per Postkutsche nach Hamburg fuhr. Deutschland war nicht nur deshalb sein erstes Reiseziel, weil ihm für größere Reisen die Mittel fehlten. Er hatte sich ausgiebig mit deutscher Literatur und deutscher Sprache beschäftigt, die er vermutlich früh lesen und dann recht gewandt, obgleich nicht fehlerfrei, sprechen und schreiben konnte. Bereits am 1. 2. 1829 hatte er Ludwig Tieck in einem langen Brief seine Lebensgeschichte dargelegt und ihm ein Exemplar der *Fußreise* und sein Gedicht *Das sterbende Kind* geschickt. In seinem literarischen Reisegepäck trug er Heines *Harzreise* und das *Buch der Lieder*.

Der Harz war dann auch sein größtes Landschaftserlebnis auf dieser Reise – der Flachländer Andersen sah zum ersten Mal Berge! In Leipzig speiste er bei Verlagsbuchhändler Heinrich Brockhaus, der ihm Interesse für einige seiner Gedichte bekundete, in Dresden besichtigte er Kunstschätze, unternahm von dort aus einen Ausflug in die Sächsische Schweiz und war mehrmals zu Gast bei Ludwig Tieck. Der muss in dem jungen **Ludwig Tieck** Dänen ein hoffnungsvolles Talent erkannt haben, denn er küsste ihn auf die Wange, was Andersen als Weihekuss empfand, und schrieb ihm am 10. 6. auf ein Blatt Papier: »Wandeln Sie wohlgemut und heiter auf dem Wege der Poesie fort, den Sie so schön und muthig betreten haben [...].« (FR, S. 264)

Folgenreicher war für Andersen in Berlin, das ihm als Stadt weniger gefiel, die persönliche Begegnung mit Adelbert von Chamisso. Der stellte dann am 4. 3. 1833 im *Morgenblatt für Gebildete Stände* drei Andersen-Gedichte, *Der Soldat, Muttertraum* und *Märzveilchen*, in seiner Nachdichtung und dazu ihn selbst mit einer ersten Charakteristik vor: »Mit Witz, Laune, Humor und volksthümlicher Naivetät begabt, hat Andersen auch tiefern Nachhall erweckende Töne in seiner Gewalt.« (MLE 1, S. 112 f.)

Die Herzensprobleme, die Andersen mit auf die Reise nahm, hatten wohl weniger mit Riborg Voigt zu tun, auf die mehrere Gedichte im späteren Reisebuch hinzudeuten scheinen, als mit Edvard Collin. Dem schreibt er gleich nach seiner Ankunft in Hamburg am 19. 5. in einem Brief, was er ihm Auge in Auge nicht zu sagen gewagt hatte.

Adelbert von Chamisso

Vgl. S. 93 f.

> »Nur Sie sind jener Gleichaltrige, dem ich mich recht verbunden fühlen kann. Ich habe auch noch eine Bitte, Sie werden vielleicht lachen, doch wollen Sie mir einmal recht eine Freude machen, recht einen Beweis für Ihre Achtung geben – wenn ich diese verdiene – dann – ja, Sie dürfen nicht böse werden! – Sagen Sie Du zu mir! Mündlich werde ich Sie niemals darum bitten können, es muss jetzt geschehen, jetzt, während ich fern bin; haben Sie etwas dagegen, dann reden Sie niemals mit mir darüber, ich werde es natürlich nie wieder äußern.« (Andersen in einem Brief vom 19. 5. 1831 an Edvard Collin; Collin 1, S. 69 f.)

Wer in dieser Beziehung unter- und wer überlegen war, scheint von vornherein klar gewesen zu sein. Edvard Collins Antwort war eine kühl-höfliche Ablehnung, mit einer Begründung, die den Bittsteller tief kränken musste: »[...] ich habe ein Frauenzimmer gekannt, das einen solchen Abscheu vor grauem Papier empfand, dass ihr bei seinem Anblick schlecht wurde; wie soll man das erklären. – Wenn mir dage-

Edvard Collin im Alter von 25 Jahren. Zeichnung von Jørgen Roed,
1833

gen ein Mensch, den ich seit langem kenne, achte und gern
habe, anbietet, ›Du‹ zu sagen, dann überkommt mich dieses
unangenehme, unerklärliche Gefühl.« (Collin 1, S. 73 f.)
Obwohl Andersen demütig-einsichtsvoll darauf reagierte, hat
er diese Kränkung niemals vergessen und kommt in späteren
Briefen an Edvard, in denen er zumeist die Schreibweise
»Eduard« gebraucht, wie auch in mehreren Werken immer
wieder darauf zurück, so in dem Roman *O. T.* und in dem
Märchen *Der Schatten*, in dem er Edvards Absagebrief fast
wörtlich zitiert.

Knapp drei Monate nach seiner Heimkehr erschien am
19. 9. 1831 Andersens erstes eigentliches Reisebuch, *Schatten-*
bilder von einer Reise in den Harz, die Sächsische Schweiz etc.
etc. im Sommer 1831, das ihm ein Honorar von 150 Reichsta-

Erstes Reisebuch,
vgl. S. 97

lern einbrachte. Danach schrieb er rastlos weiter: Übersetzungen für das Königliche Theater, ein Vaudeville *Das Schiff*, das insgesamt fünfmal gespielt wurde, das Singspiel-Libretto *Die Braut von Lammermoor* nach Walter Scott, das mit der Musik von Ivar Bredal immerhin acht Aufführungen erlebte. Im Oktober 1832 hatte die Zauberoper *Der Rabe oder die Bruderprobe* nach Gozzi Premiere, mit der Musik von J. P. E. Hartmann.

Im *Märchen meines Lebens* hat er zu diesen dramatischen Arbeiten eine kritische Distanz: »Produzieren und immerfort produzieren, das war zerstörerisch, ja unmöglich.« (MLE 1, S. 115) Doch er war zur Brotarbeit gezwungen und musste sich von Ende 1828 bis 1839 allein mit seinem Schreiben ernähren.

Nicht für Honorar, sondern zur Selbstverständigung arbeitete er in dieser Zeit an seinen Erinnerungen, dem schon mehrfach erwähnten *Lebensbuch*. Die Krise, aus der er sich damit herauszuarbeiten versuchte, hatte ihre Ursache auch in der Kritik, die mit seinen Opern- und Singspieltexten, nicht ganz zu Unrecht, sehr harsch umging.

»Lebensbuch«,
vgl. S. 118

Eine Reise nach Fünen im Juli 1832 konnte seine Stimmung nicht aufhellen. In Odense fühlte er sich längst nicht mehr daheim, und der Zustand seiner alkoholkranken Mutter hatte sich weiter verschlechtert. Sie hatte ihn immer wieder um Unterstützung gebeten, möglichst in Form von barem Geld, doch der Sohn, der befürchtete, sie würde es vertrinken, hatte ihr nur minimale Summen geschickt und sie selten besucht. Nachdem er im Dezember 1831 dafür gesorgt hatte, dass sie auf seine Kosten zu essen bekam, hatte er weitere Bitten von ihr ignoriert. Sicher hat ihn ihr Verfall bedrückt, doch aufhalten ließ er sich davon nicht – er reiste weiter und sah seine Mutter nicht wieder.

Ludvig Müller.
Gemälde von
Adam Müller,
1836

Während eines Besuchs auf Gut Nørager traf er den Theologiestudenten Ludvig Müller (später einer der bedeutendsten Numismatiker Dänemarks), dem er schon vier Jahre zuvor begegnet war, mit dem er sich nun innig befreundete und

Leben

»Du lieber, lieber Mensch! Du wirst gewiss über mich lachen, aber Du fehlst mir so ungeheuer! [...] Ich bin ein seltsames Wesen, meine Gefühle übermannen mich zu sehr, und ich mache mich selbst nur unglücklich. – Wie leer es gestern abend daheim in der Kammer war! Ich war darin und sah nach Deinem Bett, ging allein spazieren, geriet in unglückliche Stimmung und schlief fast gar nicht. [...] O komm, komm, Du lieber, lieber Ludvig [...].« (Andersen in einem Brief vom 28. 8. 1832 an Ludvig Müller; zit. n. Dal 1984, S. 208)

dem er nach seiner Abreise im August glühende Briefe schrieb. Mit ihm hatte er keine Probleme, sich auf das Du zu einigen, wie übrigens auch nicht mit Riborgs Bruder Christian Voigt, der ihm in gewisser Weise näher war als die Schwester. Vielleicht war er in dieser Beziehung, wenigstens zeitweise, glücklicher als in der zu Edvard Collin, der bei ihm dennoch die Priorität behielt. Zwar kühlte sich seine heftige Neigung zu Ludvig Müller nach einiger Zeit allmählich ab, der Kontakt zwischen ihnen blieb jedoch bestehen.

Im Jahr 1832 bewegten Andersen noch andere Gefühle – sie galten Edvard Collins achtzehnjähriger Schwester Louise, die versucht hatte, ihm in seinem Riborg-Liebeskummer Trost zuzusprechen. Auch diesmal wurde seine Schwärmerei – mehr war es kaum – nicht erwidert, denn am Neujahrstag 1833 verlobte sich Louise offiziell mit dem Juristen W. Lind, den sie dann 1840 heiratete. Anlässlich ihrer Silberhochzeit notierte Andersen am 25. 11. 1865 im Tagebuch: »[…] an diesem Abend war ich in einer seltsam glücklichen Stimmung […], und jetzt, zu Hause, danke ich Gott, daß ich nicht Louises Mann geworden bin, eine ganz andere Dichtertätigkeit, Gott weiß welche, wäre mir dann zuteil geworden.« (TB, S. 458)

Louise Collin

Liebte er den Bruder in der Schwester oder umgekehrt? Wie ambivalent seine Beziehung zu beiden war, scheint er in seinem Roman *O. T.* anzudeuten: Das Freundespaar Otto und Vilhelm, von denen jeder in die Schwester des anderen verliebt ist, findet sich in einer höchst pikanten, transvestitischen Situation als Liebespaar wieder.

Vgl. S. 50 und »O. T.«, S. 94 f.

Alle diese Probleme, die seine schriftstellerische Entwicklung wie seine sexuelle Identität betrafen, versuchte Andersen auf die für ihn typische Art zu lösen – durch eine Reise, möglichst weit weg. Dafür brauchte er Geld, und nachdem er persönlich bei König Frederik VI. vorstellig geworden war und Atteste von fünf namhaften Persönlichkeiten beigebracht hatte, wurde ihm ein Reisestipendium für zwei Jahre in Höhe von jeweils 600 Reichstalern bewilligt, Frederik VI. legte noch 200 Reichstaler dazu, und am 22. 4. 1833 begab sich Andersen, zuvor verabschiedet von Ludvig Müller und Edvard Collin, an Bord eines Dampfschiffs.

Reisestipendium (margin)

Reisen und literarischer Durchbruch (1833-1837)

Die erste wichtige Station auf Andersens zweiter Auslandsreise, die ihn als Bildungsreise bis nach Italien führen sollte, war Paris. Dort blieb er bis Mitte August 1833, hielt sich jedoch zumeist an die Gesellschaft von Landsleuten. Er besuchte Museen, Theater, Versailles, wo ihn besonders Napoleons Schlafkammer interessierte, erlebte die Feierlichkeiten zur Erinnerung an die Julirevolution 1830, doch die französische »Liberté« und »Leichtfertigkeit« behagten ihm nicht, und am 10. 5. notierte er im Tagebuch: »Oh, ich bin so müde! Edvard und Ludvig, hätte ich euch doch bei mir. Und dann ‒ ‒.« (TB, S. 53) Wie immer bemühte er sich um die Bekanntschaft namhafter Persönlichkeiten, traf unter anderem den Vaudeville-Dichter Paul Dupot und den Komponisten Luigi Cherubini, wurde von Victor Hugo in Schlafrock und Unterhosen empfangen und begegnete mehrfach Heinrich Heine.

Paris (margin)

Während er sehnsüchtig auf Briefe aus der Heimat wartete und selbst zahlreiche schrieb, jedoch von dort nur ein anonym gedrucktes Schmähgedicht bekam, arbeitete er intensiv an einem neuen Werk, zu dem ihn die dänische Volksballade *Agnete und der Meermann* angeregt hatte und dessen ersten Teil er am 14. 8. an Edvard Collin abschickte. Am nächsten Tag reiste er weiter in die Schweiz, nach Genf und Lausanne, und hielt sich die meiste Zeit bei der Uhrmacherfamilie Houriet in Le Locle auf, um Französisch zu lernen.

Vgl. »Agnete und der Meermann«, S. 91 (margin)

Auch hier, wo ihn die Hochgebirgsnatur der Alpen, »die zusammengefalteten Flügel der Erde« (TB, S. 61), zu Wanderungen anregte, arbeitete er weiter an seiner *Agnete*. Als er am 12. 9. den zweiten Teil zusammen mit einem ausführlichen Brief an Edvard Collin sandte, dem er gleich einen ganzen Berg Arbeit für die Drucklegung aufbürdete, war er vom Wert seiner Dichtung überzeugt.

Dieses Drama in Versen war sein erster Versuch, eigene Lebensprobleme mit einem märchenhaft-phantastischen Sujet zu verbinden. Alle drei Hauptgestalten darin sind am Ende Verlierer: Agnete, die das Wagnis einer ungewöhnlichen, irdische Grenzen überschreitenden Liebe eingeht; der Meermann, der sie mehr als Hermaphrodit denn als Aphrodite begehrt; der arme Spielmann Hemming, der ein »weiches, schwaches Frauen-Gemüt« (*Agnete*, S. 51) besitzt – womit der Autor (auch mit einem Hinweis auf die Kontroverse um das Du), wie zu vermuten ist, auf seine unglückliche Liebe zu Edvard Collin anspielt.

Das Thema der »anderen« Liebe, die scheitern muss, und der unterschiedlichen Lebenswelten, die auch soziale sind, hat Andersen später besser gestaltet, unter anderem im Märchen *Die kleine Meerfrau*. Er wusste aber, dass er mit diesem Drama, das erst 1843 ganze zwei Male aufgeführt wurde, eine Grenze überschritten hatte, und schreibt im *Märchen meines Lebens*: »Meine Dichtung *Agnete* war mit all ihren Fehlern doch ein Schritt voran; meine rein subjektive Dichternatur war hier bestrebt, sich objektiv zu offenbaren; ich befand mich in einer Übergangsperiode, und diese Dichtung schloss gleichsam mein rein lyrisches Stadium ab.« (MLE 1, S. 147)

Mit diesem Gefühl betrat Andersen dann Italien und ließ sich von Landschaft, Natur und Kunst überwältigen. Über Mailand, Genua und Pisa gelangte er nach Florenz, wo er von Galerien und Kirchen begeistert war, und erreichte am 18. 10. Rom, »jene Stadt aller Städte in der Welt, wo ich mich bald **Rom** gebürtig und heimisch fühlte« (MLE 1, S. 158). Hier lernte er den berühmten Bildhauer Bertel Thorvaldsen kennen und wurde in die skandinavische Künstlerkolonie aufgenommen, zu der mehrere Maler, Bildhauer und Schriftsteller gehörten, in deren Gesellschaft er sich gleichberechtigt fühlte. Allein

oder in Begleitung machte er sich daran, möglichst viele Sehenswürdigkeiten zu erkunden und festzuhalten – in Wort und Bild: Er schrieb 87 Seiten Tagebuch, zahlreiche Briefe, mehrere Gedichte, begann seinen Roman *Der Improvisator* und fertigte etwa 50 Zeichnungen an.

Am 16. 12. erhielt er einen Brief von Jonas Collin, der ihm als Erstes mitteilte, dass *Agnete* nur im Selbstverlag erscheinen könne, und danach, knapp und trocken, dass seine Mutter am 7. 10. 1833 in Odense gestorben sei. Andersen reagierte, so im Tagebuch notiert, recht gefasst – und erleichtert: »Gott, ich danke dir! war mein erster Ausbruch, jetzt hat ihre Not, die ich nicht lindern konnte, ein Ende. Ich kann mich aber doch nicht recht an den Gedanken gewöhnen, nun so ganz allein zu sein, ohne einen einzigen Menschen, der mich durch die Bande des Blutes lieben *muß*!« (TB, S. 80) Er hatte sich von

Tod der Mutter

Leben

ihr und ihrer Welt längst verabschiedet – oder glaubte es zumindest.

Nach einer feuchtfröhlichen Weihnachtsfeier mit anderen skandinavischen Künstlern in der Villa Borghese, die er jedoch vorzeitig verließ, begann Andersen das Jahr 1934 mit einem Alptraum: »Hatte die ganze Nacht Fieber im Blut und träumte in der Morgenstunde von einer Fledermaus, mit der ich kämpfte, ihre Flügel wurden immer größer und größer, als ich glaubte, ich hätte sie am besten in meiner Gewalt, wachte ich auf.« (TB, S. 84) Bald darauf trafen Briefe aus Dänemark ein, »vom Vater und von Edvard, der eine voller Ermahnungen, der andere in einem äußerst schroffen, belehrenden Ton voller Leidenschaft. Er vermeldete mir den Tod meiner Ehre. *Agnete* sei mißgebildet bis zur Verzweiflung, eine zusammengeschmierte, klägliche Arbeit.« (TB, S. 85)

Edvard Collin stützte sich in seinem vernichtenden Urteil vor allem auf die Meinungen anderer und ging mit keinem Wort auf die eigentliche Problemstellung des Werkes ein, die unglücklich liebenden Protagonisten und seinen unglücklich liebenden Autor – vermutlich weil gerade das ihn so in Harnisch gebracht hatte und er weitere Offenbarungen befürchtete. Andersen dachte an Selbstmord, fühlte sich verraten und schrieb ihm einen Brief, der so scharf gewesen sein muss, dass ihn Vater Collin, an den er ihn vorsichtshalber adressiert hatte, sogleich verbrannte und danach diplomatisch versuchte, einen endgültigen Bruch zwischen Sohn und Pflegling zu vermeiden. Doch der gekränkte Dichter, den seine Künstlerfreunde vergeblich zu trösten versuchten, schäumte und tobte weiter, um dann wieder in eine tiefe Depression zu fallen. Der römische Karneval konnte ihn lediglich zeitweise ablenken, er hatte nur noch den Wunsch, weiterzureisen.

Kontroverse mit Edvard Collin

Am 15. 2. 1834 traf er zusammen mit drei anderen Skandinaviern in Neapel ein, gerade rechtzeitig, um einen Ausbruch des Vesuvs zu erleben. Sofort hören seine Klagen im Tagebuch auf – hier ist wieder alles überwältigend und neu: die Landschaft, der Lava speiende Vulkan, die Farben, die Lebensweise. Gemeinsam mit den Reisegefährten bestieg er den Vesuv, besichtigte die kurz zuvor entdeckte Blaue Grotte, Her-

culanum, Pompeji und andere Sehenswürdigkeiten. Und er
spürte, wie im Tagebuch zu lesen ist, heftig wie nie seine Sinn-
Sinnlichkeit lichkeit. Dabei fällt auf, dass er als Anregung dafür nicht die
Schönheit der Neapolitanerinnen nennt, sondern die stän-
dige Verfolgung von jungen Zuhältern, die ihm Mädchen,
auch Knaben anpriesen und ihn zur Besichtigung einluden.
Ob ihn die Anbieter oder die Angebotenen in Erregung ver-
setzten oder ob er zwischen beiden nicht mehr zu unterscheiden vermochte, ist also die Frage.

> »Mein Blut in starker Bewegung. Ungeheure Sinnlichkeit und
> Kampf mit mir selbst. Ist es wirklich eine Sünde, diese mäch-
> tige Lust zu befriedigen, dann laß mich sie bekämpfen; noch
> bin ich unschuldig, aber mein Blut brennt, im Traum kocht mein
> ganzes Innere. Der Süden verlangt ganz gewiß sein Recht! Ich
> bin halb krank. – Glücklich, wer verheiratet, wer verlobt ist. Oh,
> wäre ich doch in harte Fesseln gelegt! – Aber ich will! Ich will
> diese Schwäche bekämpfen.« (Andersen in einem Tagebuch-
> eintrag vom 23. 2. 1834; TB, S. 103)

Als er nach gut vier Wochen wieder nordwärts reiste, »unschuldig«, wie er im Tagebuch beteuert, war er sich seiner
selbst sicherer und bewusster. Die Nachricht aus der Heimat,
dass sein Intimfeind, der Philologe und Literaturhistoriker
Christian Molbech, Gedichte von ihm kritisiert hatte, konnte
ihn nicht mehr aus der Fassung bringen, jetzt behauptete er
Neues Selbst- sein Recht auf Eigenheit und Anderssein: »Laßt mich meiner
bewusstsein Natur folgen; warum soll ich mich in einem Trab bewegen,
der gerade in Mode ist; wenn ich in meinem Gang [auch nur]
schlenderte, so ist er doch natürlich. – Nur weil er nicht seine
Nüsse, sondern Äpfel an meinem Baum findet, deshalb ist der
Baum doch nicht zu verachten.« (TB, S. 117)
Doch je näher er der Heimat kam, umso trüber wurde seine
Stimmung, umso häufiger klagte er über physische Beschwerden und verlorene Lebenslust. Die weiteren Reisestationen
nutzte er vor allem dazu, Theater und Prominente zu besuchen, in München den Philosophen Schelling, in Wien die
Schriftsteller Castelli und Grillparzer, in Berlin Adelbert von

Leben

Chamisso. Trotz seiner Befürchtungen wurde er in Kopenhagen freundlich empfangen, auch von der Familie Collin, und von dem Zerwürfnis mit Edvard war nicht die Rede.

Am 1. 9. 1834 bezog er in Nyhavn Nr. 280 zwei große Zimmer, als Untermieter einer Schifferswitwe – und schrieb weiter an dem in Italien begonnenen Roman. Obwohl er mit Edvards Hilfe bei Verleger Reitzel einen Vorschuss von 115 Reichstalern erreichte, war seine finanzielle Situation so prekär, dass er sich im November um eine Anstellung an der Königlichen Bibliothek bewarb, jedoch als zu talentiert abgelehnt wurde. Er hatte zwar seine festen Essensstellen, musste jedoch monatlich acht Reichstaler Miete zahlen, besuchte eifrig das Theater, kleidete sich modisch, unterhielt weitläufige Korrespondenzen. Also schrieb er pausenlos, verfasste nach Abschluss des Romans ein Opernlibretto, das erst 1846 mit der Musik von J. P. E. Hartmann als *Klein Kirsten* uraufgeführt wurde Vgl. S. 91 und ihm vorerst kein Geld einbrachte.

In einem Brief an die Schriftsteller-Freundin Henriette Hanck vom 1. 1. 1835 erwähnte er fast beiläufig, dass er ein paar Kindermärchen begonnen habe, was er auch anderen **Kindermärchen** Freunden mitteilte, und am 16. 3. schrieb er der in Italien weilenden Jette Wulff: »[…] danach einige Märchen für Kinder geschrieben, von denen Ørsted sagt, wenn der *Improvisator* mich berühmt mache, dann machen mich die Märchen unsterblich; sie seien das Vollkommenste, was ich geschrieben hätte; aber das finde ich nicht.« (B & B 1, S. 283)

Dass Hans Christian Ørsted, der Entdecker des Elektromagnetismus, mit seinem Urteil – vor Schriftstellern und Literaturkritikern – Recht bekommen sollte, war dem sonst so ehrgeizigen Autor also nicht vorstellbar. Diese Märchen waren für ihn vor allem eine Möglichkeit zum Geldverdienen, allerdings eine, die ihm Spaß machte. Ansonsten setzte er alle Hoffnung auf seinen ersten Roman, der mit dem Titel *Der Improvisator* am 9. 4. 1835 im Verlag von C. A. Reitzel und Vgl. »Der Improvisator«, S. 94 noch im gleichen Monat auf Deutsch im Verlag von August Campe in Hamburg erschien. Weitere Übersetzungen folgten: 1838/39 ins Schwedische, 1844 ins Russische, 1845 ins Englische, 1846 ins Holländische, 1847 ins Französische, 1851 ins

Tschechische. Die Resonanz auf diesen ersten dänischen Künstlerroman in einem italienischen Milieu war in Dänemark freundlich bis überschwänglich, über die wenigen kritischen Stimmen hielt sich Andersen jedoch heftig auf. In Deutschland wurde sein Roman mehrfach positiv rezensiert und von Adelbert von Chamisso, der ihn als »rein unschuldig, keusch, fromm« (MLE 2, S. 169) im Gegensatz zu den Romanen eines Victor Hugo und Honoré de Balzac und zur Bewegung des Jungen Deutschland pries, mit einem begeisterten Brief bedacht.

Im Schatten dieses großen Erfolges erschien am 8. 5. 1835, Erstes Mär- ebenfalls im Verlag C. A. Reitzel, ein bescheidenes Heft *Mär-* chenheft, *chen, für Kinder erzählt,* zum Preis von 24 Schilling. Es ent- vgl. S. 103 ff. hielt *Das Feuerzeug, Der Kleine Klaus und der Große Klaus, Die Prinzessin auf der Erbse* und *Die Blumen der kleinen Ida* und fand nur wenig Beachtung. Kritiker vermissten unter anderem die Vermittlung von Kenntnissen und Moral und befanden *Die Prinzessin auf der Erbse* für undelikat, selbst Freund Ingemann meinte, Andersen hätte sie besser nicht geschrieben. Das kann den Autor jedoch nicht entmutigt haben, denn im Dezember 1835 legte er ein zweites Märchenheft vor, darin *Däumelinchen, Der unartige Knabe* und *Der Reisekamerad,* das vom Bekanntenkreis zwar etwas freundlicher aufgenommen, im Januar 1836 von *Dansk Litteratur-Tidende* jedoch zusammen mit dem ersten vor allem wegen des mündlichen Erzählstils, den man später dann als großen Vorzug erkannte, sehr herb kritisiert wurde.

Andersen, weiterhin in finanziellen Sorgen, schrieb nun wieder für das Theater: Am 6. 1. 1836 wurde sein Singspiel *Das Fest auf Kenilworth* uraufgeführt, am 16. 4. hatten zwei Vaudevilles unter dem gemeinsamen Titel *Sich trennen und begegnen* Premiere. Am 21. 3. war sein zweiter Roman mit dem däni- Vgl. »O. T.«, schen Titel *O. T.* erschienen, mit dessen Niederschrift er im S. 94 f. September des Vorjahrs begonnen hatte. Wie *Der Improvisator* ist auch dieser Roman autobiographisch geprägt, nicht nur Andersens soziale Herkunft, auch seine Beziehung zu Edvard Collin kommt unterschwellig darin vor.

Diese Neigung war also trotz heftigen Streits und trotz neuer

Leben

und anderer Erlebnisse nicht erloschen, auch wenn Andersens wachsender literarischer Erfolg dem Juristen Edvard Collin nicht im Geringsten imponierte. Vielleicht war sich Andersen nach dem Sinnesrausch in Neapel der Aussichtslosigkeit seines Werbens um Edvard nur noch schmerzlicher bewusst geworden.

> »Ich bin ein Italiener, wie Sie merken. Ich sehne mich nach Ihnen; ja, in diesem Augenblick sehne ich mich nach Ihnen, als wären Sie eine schöne Kalabrierin, mit den dunklen Augen und dem entflammenden Blick. Nie hatte ich einen Bruder, doch hätte ich einen, ich könnte ihn nicht lieben wie Sie und doch – Sie erwidern es nicht! Das quält mich – oder vielleicht ist es gerade das, was mich fester an Sie bindet! [...] Meine ganze Seele könnte ich vor Ihnen aussprechen, selbst – das tiefste Geheimnis meines Herzens, doch unsre Freundschaft gleicht den ›Mysterien‹, sie darf nicht recht analysiert werden. O gebe Gott, dass Sie sehr arm würden und ich reich, vornehm, Edelmann. Ja, dann würde ich Sie recht in das Mysterium einweihen, Sie würden mich dann mehr schätzen als jetzt.« (Andersen in einem Brief vom 28. 8. 1835 an Edvard Collin; Collin 1, S. 238)

Andersens Wunschtraum, in dem sich mit der Umkehr der sozialen Positionen eine erotische Erfüllung verband, ließ sich nicht in die Wirklichkeit umsetzen, und Edvard wollte besagte Mysterien gar nicht kennen lernen.
Während einer Sommerreise begann Andersen auf dem Gutshof Lykkesholm einen weiteren Roman und hantierte dabei mit mehreren Arbeitstiteln: *Der Musikant, Das Genie, Der Sohn des Schneiders, Grau in Grau* – wieder ging es um seine Lebensgeschichte. Zur gleichen Zeit brannte ihm ein anderer Stoff unter den Nägeln, ein Märchen, das stofflich mit seinem verunglückten Versdrama *Agnete und der Meermann* verwandt war. Obwohl aus diesem Zeitraum weder Almanach- noch Tagebuchaufzeichnungen vorliegen, ist es wahrscheinlich, dass der unmittelbare Anlass dafür Edvard Collins Hochzeit mit Henriette Thyberg war. Als Andersen die entsprechende Nachricht von Vater Collin erhielt, reagierte er mit einem

Brief an Edvard, in dem sich gute Wünsche mit tiefer Trauer und Resignation vermischen und in dem er sogar das Du wagt: »[…] wie Moses stehe ich auf dem Berg und schaue in das Gelobte Land, in das ich selbst niemals komme. […] Es gibt Leiden, über die man nicht einmal mit seinem besten Freund spricht. […] Doch Eduards Hochzeit geht mir tief ins Herz, weckt dort alle meine Erinnerungen. […] Italien ist meine Braut!« (Collin 1, S. 262)

Das ist der Schmerz, den seine Märchenheldin, die kleine Meerfrau, spürt, als der geliebte Prinz die Prinzessin vorzieht. Wie Agnete geht sie das Wagnis der anderen Liebe ein und gibt dafür ihre Stimme, ihre größte Begabung hin, um dann auf Erden alles zu verlieren. An diesem Märchen, begonnen als Freischreibung von einer unglücklichen Liebe, doch über diesen Anlass hinauswachsend, arbeitete Andersen verhältnismäßig lange und schloss das Manuskript erst am 23. 1. 1837 ab.

Vgl. »Die kleine Meerfrau«, S. 107 f.

Wenig später machte er sich an ein Märchen, das sich von der *Kleinen Meerfrau* gründlich unterscheidet: *Des Kaisers neue Kleider.* Beide Texte erschienen zusammen als drittes Heft der *Märchen, für Kinder erzählt* am 7. 4. 1837, doch nur die *Meerfrau* fand freundliche Resonanz, für den nackten Kaiser gab es nicht ein Wort.

Vgl. »Des Kaisers neue Kleider«, S. 108 f.

Andersens finanzielle Situation hatte sich nun so weit konsolidiert, dass er im Sommer 1837 für vier Wochen nach Schweden fahren konnte. Während der Schiffsreise auf dem Göta-Kanal lernte er die schwedische Schriftstellerin Fredrika Bremer kennen, besuchte sie danach in Stockholm und ließ sich von ihr weitere Kontakte zu schwedischen Autoren vermitteln, was für ihn das Wichtigste dieser ersten Reise nach Schweden war.

Wieder in Dänemark, begann er auf Gut Lykkesholm mit der Reinschrift seines Romans, der erst jetzt den endgültigen Titel erhielt: *Nur ein Spielmann.* Beide Hauptgestalten, der arme, begabte, jedoch antriebsarme Musikant Christian und die exzentrische Jüdin Naomi, die er wie seine Dramenheldin Agnete mit androgynen Zügen versah, entsprechen als Gegensatzpaar der zwiespältigen Persönlichkeit des Autors, der keineswegs als unbekanntes Genie wie sein Dorfmusikant enden wollte.

Vgl. »Nur ein Spielmann«, S. 95 und S. 18

Noch während sein dritter Roman gedruckt wurde, machte er sich im Herbst 1837 an die nächste Arbeit, eine Tragödie mit dem Titel *Dina*, die er jedoch nicht beendete. Und er schloss in dieser Zeit zwei neue, wichtige Bekanntschaften: Er lernte den französischen Literaten und Reiseschriftsteller Xavier Marmier persönlich kennen, der sein Gedicht *Das sterbende Kind* übersetzt und eine erste Andersen-Biographie verfasst hatte, die dann im Oktober 1837 mit dem Titel *Une vie de poète* in der Zeitschrift *Revue de Paris* erschien. Mit dieser französischen Biographie, für die Andersen eine Skizze zugearbeitet hatte, wurde der »Mythos Andersen« internationalisiert.

Xavier Marmier

Andersen wusste jedoch, dass er vom künftigen Ruhm allein nicht leben konnte, und war daher höchst erfreut, als er dem kunstinteressierten holsteinischen Adligen und dänischen

> »Ich gehöre zur Welt! Sollen sie nur alle wissen, was ich denke und fühle! [...] Allmählich beginnt mein Name doch zu leuchten; das ist auch das Einzige, wofür ich lebe! Ich giere nach der Ehre wie der Geizige nach dem Klang des Goldes; beides ist sicherlich leer; aber für ein Ding muss man sich doch in dieser Welt begeistern, sonst bricht man zusammen und verfault!« (Andersen in einem Brief vom 20. 9. 1837 an Henriette Hanck; B & B 1, S. 384 f.)

Minister Conrad Rantzau-Breitenburg seine schwierige Situation als freier Schriftsteller und seinen Wunsch nach einer festen jährlichen Unterstützung darlegen konnte. Auch die Fürsprache von Jonas Collin und H. C. Ørsted sollte ihm zu mehr sozialer Sicherheit verhelfen und ihm vielleicht ermöglichen, sich als Normalbürger zu etablieren und eine Familie zu gründen. Er stellte sogar finanzielle Berechnungen an, die auf ernsthafte Überlegungen in diese Richtung deuten. So schrieb er am 19. 8. 1837 an Christian Wulff: »Ich habe eine **Heiratspläne?** brennende Sehnsucht, mich zu verheiraten; aber ich muss ein Vermögen haben, das mir jährlich 3 000 an Zinsen einbringt, sonst kann ich nicht mit Frau und Kindern leben.« (B & B 1, S. 378) Die Ansprüche, die er am 25. 11. gegenüber Henriette Hanck erhob, sind etwas bescheidener: »Ich muss 1 000 jährlich haben, bevor ich mich verlieben darf, und 1 500, bevor ich heiraten darf [...].« (B & B 1, S. 388) Und er erwähnt sogar ein blutjunges Mädchen aus bester Familie, das ihm dafür geeignet scheint – »aber ich habe kein Vermögen, und – ich verliebe mich nicht einmal!« (B & B 1, S. 392)

Um eine erotische Beziehung kann es Andersen bei diesem Gedankenspiel und der Kausalität von Vermögen und Verlieben kaum gegangen sein, eher um eine offizielle Begründung dafür, weshalb eine bürgerliche Ehe für ihn nicht in Betracht **Sophie Ørsted** kam. Das besagte Mädchen war die sechzehnjährige Sophie, Tochter seines Freundes Ørsted, die er einige Zeit verehrte, auf ähnliche Weise wie zuvor Riborg Voigt und Louise Collin – auch sie war schon »vergeben« und schien keinerlei erotisches Interesse an ihm zu haben. Er lief also nicht Gefahr, von ihr erhört zu werden, und konnte sich seinem Unglücklichsein ganz hingeben. Und doch ist sein Schmerz echt, wenn er am Tag ihrer Verlobung, am 11. 12. 1837, in sein Tagebuch schreibt: »Ich will sein wie andere Männer, dachte ich, auch für Sophie will ich nicht schwärmen, ich werde mich niemals verloben, und es wäre ein Unglück, wenn das geschähe. [...] Jetzt bin ich zu Hause, ich bin allein – allein! Wie ich es immer sein werde!« (TB, S. 139) Hatte er damit jede Hoffnung auf eine erfüllte Liebesbeziehung mit einer Frau und eine bürgerliche Sozialisation aufgegeben?

Unterwegs zum Ruhm (1838-1847)

Andersen war zu Beginn des Jahres 1838 missgestimmt, weder mit seiner Lebensform noch mit seiner bisherigen literarischen Leistung war er zufrieden. Selbst die Arbeit an einem neuen Märchen, der ersten Fassung der *Galoschen des Glücks*, konnte ihn nicht befriedigen, denn er hatte »diese Jongleurkünste mit den Goldäpfeln der Phantasie« nun satt (B & B 1, S. 406).

> »Vergleiche ich nun mein eigenes Geschriebenes mit dem, was ich empfunden habe, oh, da habe ich eine Angst, ein Vorgefühl: ›Du hast gar nichts getan!‹ Das heißt sich selber quälen, aber das ist in meinem ganzen Charakter so verwurzelt. Doch habe ich noch eine schwerere Sorge – die schwerste ist ja die, die man nicht aussprechen kann; oh, ich bin alt geworden, *die Jugend* hat mich verlassen!« (Andersen in einem Brief vom 5. 1. 1838 an B. S. Ingemann; B & B 1, S. 401)

Als ihm am 26. 5. 1838 durch königliche Resolution eine jährliche Unterstützung von 400 Reichstalern bewilligt wurde, war ihm eine wesentliche Sorge abgenommen und seine äußere Existenz gesichert. Aus den kurzen Almanacheintragungen, mit denen Andersen das Wichtigste eines Tages festzuhalten pflegte, geht jedoch hervor, dass sich seine psychische und physische Befindlichkeit nach diesem Ereignis durchaus nicht verbesserte. Schon drei Tage später vermerkt er: »Missmut über mein Unwohlsein« (*Almanache*, S. 18), und am 11. 6.

Feste finanzielle Unterstützung

heißt es: »Schlecht gefühlt, ich verzweifle, werde verrückt. Leidenschaft.« (*Almanache*, S. 19) Überhaupt geht es häufig um Leidenschaft, brennendes Blut, Irritabilität im Penis, weshalb er einen Arzt konsultiert, und am 13. 12. bezeichnet er sich als »hysterisch krank in einem angreifenden Grad« (*Almanache*, S. 31). Ein ähnliches Psychogramm – reizbar, hypochondrisch, am Rand des Psychopathischen – ist seinen Tagebüchern zu entnehmen, die für ihn auch eine therapeutische Funktion besaßen.

Biographische Skizze Ein völlig anderes Bild von sich wollte er entwerfen, als ihn sein Übersetzer Georg Friedrich von Jenssen im Frühjahr 1838 um Zuarbeit für eine biographische Skizze bat, die der deutschen Ausgabe seines Romans *Nur ein Spielmann* vorangestellt werden sollte. Wie schon für die erste Biographie von Marmier, die in Deutschland mehrfach nachgedruckt und einem Artikel über ihn im *Conversations-Lexikon der Gegenwart* (Leipzig 1838) zugrunde gelegt wurde, leistete Andersen auch hier seinen Beitrag zu einer idealisierenden Darstellung seiner selbst als des armen Jungen, der allen Widernissen zum Trotz seinen Weg nach oben geht. Dass er mit dieser Skizze regelrecht Imagepflege betreiben wollte, geht unter anderem aus einem Brief an Henriette Hanck vom 27. 4. 1838 hervor: »[...] ich darf annehmen, dass sie in mehreren deutschen Blättern abgedruckt werden und großen Einfluss auf das Urteil über mich haben wird.« (B & B 1, S. 422)

Begeisterung in Deutschland Er sollte Recht damit bekommen. *Nur ein Geiger*, so der Titel der ersten deutschen Ausgabe, fand eine begeisterte Aufnahme, vor allem wurde die einleitende biographische Skizze bzw. der autobiographische Hintergrund des Romans gelobt – die von ihm selbst geschaffene Gestalt des naiv-harmlosen Dichters schien für die Leser und Kritiker interessanter zu sein als sein gar nicht so idyllisches Werk und verhalf ihm im biedermeierlichen Deutschland, noch vor Erscheinen seiner Märchen, zu großer Popularität.

Kierkegaards Kritik Dagegen gab es in Dänemark eine scharfe Kritik, verfasst vom jungen Søren Kierkegaard, der am 6. 9. 1838 unter dem Obertitel *Aus den Papieren eines noch Lebenden* als erste Buchveröffentlichung die Abhandlung *Über Andersen als Romandichter* vorlegte. Er wirft ihm darin unter anderem das Fehlen einer Weltanschauung vor, dass er »nicht ein Genie in seinem Kampf darstellt, sondern eher einen Flenner, von dem versichert wird, er sei ein Genie, und der nur das mit einem Genie gemeinsam hat, dass er ein paar kleine Widerwärtigkeiten erleidet« (Kierkegaard, Bd. 1, 1962, S. 44 f.). Er bemerkt auch Andersens sexuelle Ambivalenz und spießt mit spitzer Feder seine ästhetischen Schwächen auf, zum Beispiel ausufernde Komposition, Zufälligkeit der Mottos und Ideenassoziationen.

Der tief getroffene Autor, der später als Ondit kolportierte, »nur Kierkegaard und Andersen hätten das Buch ausgelesen« (MLE 1, S. 204), rächte sich damit, dass er in seiner 1840 aufgeführten *Komödie im Grünen* einem Haarschneider einige Kierkegaard-Zitate in den Mund legte, wofür sich Kierkegaard mit der Auslassung *Einen Augenblick, Herr Andersen!* revanchierte, die er allerdings nicht in Druck gab. Immerhin schickte er ihm 1848 ein Exemplar von *Entweder-Oder*, wofür sich Andersen freundlich bedankte. Er las auch Kierkegaards *Der Begriff Angst*, ohne der Genie-Definition darin zuzustimmen. Der Märchendichter und der Philosoph, jeder auf seine Art Außenseiter der bürgerlichen Gesellschaft und Junggeselle mit häufig wechselndem Wohnsitz, blieben Antipoden.

Søren Kierkegaard. Zeichnung von N. K. Kierkegaard, 1938

Weitere Märchen

Im Sommer 1838 arbeitete Andersen an einem weiteren Märchenheft, das mit den Texten *Das Gänseblümchen*, *Der standhafte Zinnsoldat* und *Die wilden Schwäne* am 2. 10. erschien und nur eine einzige, freundlich-nichtssagende Rezension erhielt. Weitaus größeres Aufsehen erregte er mit einem Gelegenheitsgedicht, das er für ein Fest anlässlich von Thorvaldsens Rückkehr nach Dänemark verfasste. Trotz mehrerer Misserfolge galt sein Ehrgeiz jedoch weiterhin der Dramatik: »Das Theater war und ist […] jenes Betätigungsfeld, das für jeden dänischen Schriftsteller am einträglichsten ist« (MLE 1, S. 217), vermerkt er 1855.

Im April 1838 hatte er, nach einer Novelle der französischen

Autorin Fanny Reybaud, die Arbeit an einem »originalen, romantischen« Drama, *Der Mulatte*, begonnen, in dem sich sein
»böses Blut« wie sein »edleres Ich« in »geschmeidigen Versen«
(B & B 1, S. 456) präsentieren sollten. Ein Mulatte, weder
schwarz noch weiß, weder Herr noch Sklave, erschien ihm für
die Darstellung seiner Doppelnatur geeignet. Als *Der Mulatte*
1845 in einer deutschen Übersetzung von F. Petit erschien,
wurde ihm in Wolfgang Menzels *Literaturblatt* »die Herablas-
sung eines weißen Weibes zu einem schwarzen Manne« (zit.
n. *Trekant*, S. 167) prompt verübelt. Auch in Dänemark stieß
das Drama erst einmal auf Widerstand, erlebte dann aber,
durch den Tod König Frederiks VI. verzögert, am 3. 2. 1840
eine glanzvolle Premiere, nicht zuletzt durch die Mitwirkung
der berühmten Schauspielerin Johanne Luise Heiberg.

Immer noch scheinbar nebenbei schrieb Andersen weiterhin
Märchen, von denen im Oktober 1939, wenig beachtet, das
nächste Heft erschien. Auch auf den Band *Mährchen und Erzählungen für Kinder von H. C. Andersen*, der im gleichen Jahr
im Braunschweiger Verlag Vieweg und Sohn herauskam und
mit *Das Feuerzeug, Der Reisegefährte, Die Prinzessin auf Erb-
sen, Des Kaisers neue Kleider, Das kleine Meerweib* (so Jenssens
Übersetzung) einige seiner heute bekanntesten Märchen enthielt, war das Echo, verglichen mit dem auf seine Romane,
eher bescheiden.

Im Gegensatz dazu machte ein kleines Büchlein, das mit dem
Felix Mendelssohn Bartholdy nachempfundenen Titel *Bilderbuch ohne Bilder* Ende 1839 in Dänemark nur mäßige Beachtung fand, in Deutschland, wo es 1841 und 1842 gleich in zwei
verschiedenen Übersetzungen erschien, geradezu Furore. Als
harmlos, rührend, fromm gepriesen, schien es recht zu dem
Biedermeiergeschmack der Zeit zu passen, obgleich eine solche Charakterisierung dieser literarischen Bildersammlung,
die durchaus nicht nur harmlos, sondern auch hintergründig
und sozialkritisch ist, keineswegs gerecht wird.

Während Andersen im Ausland immer bekannter wurde –
auch in Schweden und den Niederlanden war er nun übersetzt –, fühlte er sich in Dänemark nicht genügend gewürdigt.
Man warf ihm vor, er habe sich mit seinem Erfolgsstück *Der*

Vgl. »Der
Mulatte«,
S. 91 f.

Vgl. »Bilderbuch
ohne Bilder«,
S. 102

Leben

Mulatte allzu eng an die französische Vorlage gehalten, und die Primadonna Johanne Luise Heiberg lehnte die Mitwirkung in seinem Stück *Das Maurenmädchen* rundweg ab. Wieder einmal glaubte sich der überempfindliche Dichter von einem ganzen Intrigengeflecht umgeben, reagierte mit psychosomatischen Beschwerden und suchte im Herbst 1840 sein Heil in der Flucht.

Auch in der Zeit davor war er nicht allzu sesshaft gewesen. Er hatte sich als Gast auf den Gutshöfen Lykkesholm, Glorup und Nysø aufgehalten und zweimal das Nachbarland Schweden besucht, wo ihm die Studenten von Lund am 14. 4. 1840 eine erste öffentliche Huldigung darbrachten. Aber jetzt wollte er weiter weg und hoffte mit den Honoraren für seine letzten Theaterstücke bis in den Orient zu kommen, was teuer, strapaziös und nicht ungefährlich war. Doch obwohl er um sein physisches Wohl stets ängstlich besorgt war und häufig kränkelte, war er auf Reisen erstaunlich robust, mit einem Talent, sich in einer neuen Umgebung schnell einzugewöhnen, ohne Vorbehalte gegen andere Religionen und Sitten und ohne Scheu, in allen möglichen Sprachen zu radebrechen.

Wie immer ging es ihm auf dieser Reise auch um persönliche Kontakte; nach einem Aufenthalt bei Graf Conrad Rantzau-Breitenburg besuchte er in Hamburg die Schriftsteller Karl Töpfer und Karl Gutzkow und erlebte ein Konzert von Franz Liszt, der ihm dämonisch und wie ein Teufel vorkam. In Magdeburg bestieg er dann zum ersten Mal in seinem Leben eine Eisenbahn und war von der Fahrt mit dem »Dampfwagen« hellauf begeistert. **Beginn der Orientreise**

Überhaupt verfolgte Andersen, der nichts von romantischer Vergangenheits-Verklärung hielt, alle technischen Neuerun-

»Jetzt habe ich eine Vorstellung davon, daß sich die Erde dreht [...]. Jetzt kann ich mir den Flug der Zugvögel vorstellen, auf solche Art müssen sie die Städte hinter sich lassen. [...] Das hat etwas recht Zauberhaftes; ich fühlte mich wie ein Magier, der seinen Drachen vor den Wagen gespannt hatte und nun an den armen Sterblichen vorüberfuhr [...].« (Andersen in einem Tagebucheintrag vom 10. 11. 1840; TB, S. 142)

Leipzig-Dresdner
Eisenbahn-
Papier. Brief-
papier, 1841

gen mit großem Interesse, auch die Anfänge der Fotografie, der Telegrafie und die ersten Ballonversuche. Schon in der *Fußreise* ist von einem Luft-Dampfschiff und einer Taucherglocke die Rede, in späteren Märchen wird dann mehrmals geflogen, und *Die Muse des neuen Jahrhunderts* (1861) kommt »auf dem Drachen der Lokomotive herangebraust, durch Tunnel und über Viadukte oder über das weiche, starke Meer auf dem schnaubenden Delphin oder durch die Luft auf Montgolfiers Vogel Rock [...]« (MuG 2, S. 158).

Mit Hilfe der neuen Technik gelangte er nun in dreieinhalb Stunden nach Leipzig, wo er Mendelssohn Bartholdy während einer Probe im Gewandhaus besuchte und bei Verleger Brockhaus speiste. In Nürnberg traf er dann Buchhändler Campe, und in München besuchte er unter anderen den Maler Joseph Stieler, bei dem er dem Philosophen Schelling und dem Maler Peter von Cornelius begegnete, und lernte den Historienmaler Wilhelm von Kaulbach kennen.

Via Innsbruck und den Brenner ging es dann nach Italien, wo er sich gute zwei Monate in Rom aufhielt. Aber der Süden überwältigte ihn diesmal nicht. Obwohl er rastlos Sehenswürdigkeiten besichtigte und an seinem neuen Werk *Ahasverus* schrieb, klagte er über allerlei psychisch-physische Beschwerden und war oft allein. Als er am 8. 1. 1841 von Jonas Collin erfuhr, dass man sein Stück *Das Maurenmädchen* schon nach drei Aufführungen abgesetzt hatte, was die Finanzierung seiner Weiterreise in Frage stellte, stürzte ihn das in eine ähnliche Depression wie bei seinem ersten römischen Aufenthalt. Am 15. 2. wurde ihm auch noch hinterbracht, dass Johan Ludvig Heiberg seine letzten Dramen in einer neuen Gedichtsammlung kritisch-satirisch bedacht hatte, und am gleichen Tag erteilte ihm Jonas Collin den Rat, unverzüglich heimzukehren. Aber Andersen reiste weiter nach Neapel, und als er dort einen Wechsel von Collin erhielt, schlug seine Stimmung sofort um – wieder einmal begriff er den Aufbruch als eine neue, einzige Chance, und seine Lust auf das Abenteuer, was auf dänisch ebenso wie Märchen »eventyr« heißt, war größer als die Vielzahl seiner Ängste. Die größte davon war die, lebendig begraben zu werden, weshalb er häufig Zettel mit der Aufschrift »Ich bin scheintot« auf seinen Nachttisch legte.

Kritik aus Dänemark

In Kleinasien, das er nach Aufenthalten auf Malta und in Griechenland erreichte, fühlte er sich dann richtig wohl. Hier fand er die Basare, die ihm mit ihrem üppigen Reichtum zum Sinnbild des ganzen Morgenlands wurden, und vermochte selbst der schmutzigsten Gasse einen poetischen Reiz abzugewinnen. Und er wurde von einer »asiatischen Sinnlichkeit« geplagt, wobei er Sinnlichkeit als »ein seliges Prickeln durch die Nerven, während man einen Tropfen von seinem Lebenssaft abläßt« (TB, S. 176), definierte.

Trotz der Unruhen in den Balkanländern wagte er die Heimreise per Schiff auf der Donau. Knapp drei Wochen blieb er in Wien, begegnete unter anderen Franz Grillparzer, besuchte eifrig die Theater und hörte ein Konzert von Johann

Strauß d. Ä. Als er am 22. 7. 1841, fast ein Dreivierteljahr nach seinem Aufbruch, wieder in Kopenhagen eintraf, war seine Stimmung erheblich besser, zumal ihn zwei Tage später der kunstinteressierte König Christian VIII. empfing. Der literarische Ertrag seiner ausgedehnten Reise lag etwa neun Monate später, 1942, vor: *Eines Dichters Basar*, sein umfangreichstes Reisebuch, von dem in Deutschland ein Jahr danach gleich drei übersetzte Ausgaben erschienen.

Vgl. »Eines Dichters Basar«, S. 97 f.

Am 30. 1. 1843 brach er zur nächsten Auslandsreise auf, nach Paris. Auch hier war er nun so bekannt, dass ihm die Salons offen standen, wo er sich mit seinem mehr gestikulierten als artikulierten Französisch auch selbst einzuführen wusste. So traf er Victor Hugo, Alexandre Dumas père, Honoré de Balzac, Alfred de Vigny, Alphonse de Lamartine u. a. und war tief beeindruckt von der Schauspielerin Elisabeth Félix Rachel. Auch Heinrich Heine besuchte er wieder und berichtet im Tagebuch von einer angeregten Unterhaltung. Beide schätzten

Paris

Heinrich Heine

> »Er kam mir vor wie ein Schneider; er sieht auch wirklich ganz so aus. Er ist ein hagerer Mann mit einem hohen, eingefallenen Gesichte und verrät in seinem äußeren Anstande ein ängstliches, devotes Benehmen, so wie die Fürsten es gern lieben.« (Heinrich Heine 1851 über Andersen; zit. n. Houben 1926, S. 790 f.)
>
> »Heine ist ein witziger Schwätzer, gottlos und leichtfertig, und doch ein echter Poet; seine Bücher sind Elfenmädchen in Samt und Seide, wimmelnd von Ungeziefer, so daß man sie bei angezogenen Leuten nicht frei herumlaufen lassen kann.« (Andersen 1865 über Heinrich Heine; TB, S. 453)

sich offenbar als Schriftsteller, doch eine freundschaftliche Beziehung wurde daraus nicht. Dagegen war Ferdinand Freiligrath, den er auf der Rückreise in St. Goar aufsuchte, von Andersen hellauf begeistert, und Ernst Moritz Arndt machte bei seinem Anblick in Bonn sogar Freudensprünge.

Den Sommer 1843 verbrachte Andersen wieder auf mehreren dänischen Gutshöfen und arbeitete vor allem an seinem Vers-

Leben

Jenny Lind.
Gemälde von
Eduard Magnus,
1846

epos *Ahasverus.* Zurück in Kopenhagen, begegnete er am 3. 9.
bei Ballettmeister August Bournonville der schwedischen
Sängerin Jenny Lind, die er bereits 1840 gesehen und eher ge-
wöhnlich und ziemlich hässlich gefunden hatte. Jetzt, wo sie
erstmals in Kopenhagen auftrat, war er von ihrer Erscheinung
wie von ihrer Gesangs- und Schauspielkunst hingerissen und
bezeigte ihr auf alle erdenkliche Weise seine Verehrung. Auch
Jenny Lind, die inzwischen etwas von ihm gelesen hatte,
interessierte sich nun für den Dichter, und der vermerkt
mehrfach in seinem Almanach, dass er sie liebe. Die Art dieser
Liebe deutet er rund ein Jahrzehnt später im *Märchen meines
Lebens* an: »[…] durch Jenny Lind habe ich zuerst die Heilig-
keit der Kunst verstanden, durch sie habe ich gelernt, dass
man sich im Dienste des Höheren selbst vergessen muss!
Kein Buch, keine Person hat, für eine Zeit, besser und mehr

Jenny Lind

veredelnd auf mich als Dichter eingewirkt als Jenny Lind.«
(MLE 1, S. 300)

Vielleicht war Andersen zu dieser Zeit wirklich der Meinung,
dass diese begnadete Künstlerin, wenn überhaupt eine, die
rechte Frau für ihn gewesen wäre, doch der Brief, den er ihr
bei ihrer Abreise am 20. 9. 1843 zusteckte, wird kaum einen
Heiratsantrag enthalten haben. Die junge Sängerin hatte ihn
nicht im Unklaren darüber gelassen, dass ihre Gefühle für ihn
nur schwesterlich waren, und Geschwister waren sie auch insofern, als beide eine entbehrungsreiche Kindheit und einen
schweren Weg zur Kunst hinter sich hatten. Als Andersen sie
im Herbst 1845 in Kopenhagen wiedersah, musste er sich damit begnügen, dass sie ihn auf einem Fest offiziell zu ihrem
Bruder ernannte. Wenn er am 19. 12. im Tagebuch vermerkt:
»Ich spüre wohl, daß ich sie nicht liebe, wie man muß« (TB,
S. 227), dann gesteht er sich vermutlich ein, dass er sie mehr
als Künstlerin und weniger wegen ihrer Weiblichkeit liebte.

Aber er war doch sehr enttäuscht, als sie ihn am Weihnachtsabend 1845 in Berlin allein ließ (obwohl er sich später in anderer Gesellschaft zu trösten wusste) und erst am 26. 12. zu einer
Art Weihnachtsfeier einlud: »Sie schenkte mir Seife in Form
eines Käsestücks und Eau de Cologne; war sehr freundlich,
streichelte mich, nannte mich ein Kind.« (TB, S. 230) Da
knisterte und sprühte wohl nichts, und im Januar 1846, als sie
in Weimar geradezu als Traumpaar aus dem Norden gefeiert
(und von Hermann Rollett bedichtet) wurden, gingen sie
wirklich geschwisterlich miteinander um, zumal sich Andersen jetzt auf eine andre Weise von dem jungen Erbgroßherzog
Carl Alexander angezogen fühlte.

Ein Jahr später, als beide zur gleichen Zeit in London Triumphe feierten, war der Abstand zwischen ihnen, auch wegen
Andersens Ruhmsucht, so groß geworden, dass er ihr nicht
einmal einen Abschiedsbesuch abstattete. Bald darauf ging
Jenny Lind nach Amerika und brach den Kontakt zu ihm ab.
Die Nachricht von ihrer Hochzeit mit dem Komponisten und
Pianisten Otto Goldschmidt am 5. 2. 1852 muss ihn dann aber
doch so sehr getroffen haben, dass er sich im Herbst des Jahres
mit dem Märchen *Unter dem Weidenbaum* abreagierte, in

dem ein armer Schustergeselle an seiner unglücklichen Liebe zu einer Primadonna zerbricht. Er hatte jedoch keinerlei Ressentiments, als er 1854 der Familie Lind-Goldschmidt in Wien begegnete, und Jenny, die ihm dann nach zwanzigjähriger Pause wieder Briefe schrieb, blieb bis zu seinem Tod mit ihm befreundet.

Die Begegnung mit Jenny Lind, die eine ähnliche Beziehung zum Volkslied wie er zum Volksmärchen hatte, wirkte sich auch inspirierend auf seine Märchendichtung aus. Innerhalb weniger Wochen schrieb oder vollendete er vier neue Märchen, darunter *Die Nachtigall* und als eine Art Schlüssel-Märchen in eigener Sache *Das hässliche Entlein*. Diese neue Sammlung, die am 11. 11. 1843 (mit der Jahreszahl 1844) erschien, trägt den Titel *Neue Märchen* – Andersen will jetzt auch als Dichter für Erwachsene verstanden werden und hat erkannt, dass das Märchen-Genre sein wichtigstes ist. Mit dieser Ausgabe erreichte er in Dänemark endlich seinen Durchbruch als Märchendichter und wurde allgemein dafür gelobt.

»Neue Märchen«

> »Ich glaube [...], ich bin nun damit ins Reine gekommen, Märchen zu dichten! Die ersten [...] waren ja zumeist ältere, die ich als Kind gehört hatte und die ich, nach meiner Art und Weise, gern erzählte und umdichtete; diejenigen, die ich selber schuf [...], gewannen indessen den meisten Beifall, und das hat mir Auftrieb gegeben! – Jetzt erzähle ich aus meiner eigenen Brust, greife eine Idee für den Älteren – und erzähle dann für die Kleinen. [...] Ich habe eine Menge Stoff, mehr als für irgendeine andere Dichtart.« (Andersen in einem Brief vom 20. 11. 1843 an B. S. Ingemann; B & B 2, S. 94 f.)

Bald nach Erscheinen der neuen Märchen, während er sich noch öffentlich als unglücklicher Liebhaber von Jenny Lind darstellte, scheint er sich für den zweiundzwanzigjährigen Jurastudenten Henrik Stampe entflammt zu haben, und aus den knappen, wie verschlüsselt wirkenden Almanach-Noten geht hervor, dass er zeitweise heftig und nicht nur platonisch in ihn verliebt war – und seiner Erregung selbst Herr zu

Henrik Stampe

werden versuchte (weshalb er ärztliche Hilfe in Anspruch nahm). Doch der junge Henrik, dem seine Wirkung auf den älteren Dichter nicht verborgen blieb, war in die sechzehnjährige Jonna Drewsen, Enkeltochter von Jonas Collin, verliebt und ließ ihn die undankbare Rolle des Vermittlers spielen – wieder einmal war Andersen außen vor.

Trotz des Erfolgs seiner Märchen war Andersens Seelenverfassung Anfang des Jahres 1844 keineswegs ausgeglichen, zumal ihn der plötzliche Tod seines Freundes Bertel Thorvaldsen am 24. 3. sehr erschütterte. Also begab er sich auf die nächste Reise, *Weimar* und diesmal war sein wichtigstes Ziel Weimar, wohin er sich während seiner ersten Deutschlandreise 1831, noch zu Lebzeiten Goethes, nicht gewagt hatte. Jetzt war er dort bekannt und begegnete einer ganzen Reihe von Persönlichkeiten, dar-

Carl Alexander, Erbgroßherzog von Sachsen-Weimar-Eisenach. Lithographie von A. L. Noël nach einem Gemälde von Richard Lauert

unter Kanzler Friedrich von Müller und Johann Peter Eckermann. Großherzog Carl Friedrich lud ihn nach Schloss Ettersburg ein, und dort lernte Andersen dessen Sohn Carl Alexander kennen, der ihn sogleich beeindruckte: »Ich habe den jungen Herzog recht lieb, er ist der erste von allen Prinzen, der mich recht angesprochen hat, wo ich wünschte, daß er kein Prinz wäre, oder, daß auch ich einer wäre« (TB, S. 212), notiert er am 26. 6. 1844. Es war der Beginn einer langjährigen Freundschaft, die sich bei Andersens nächsten Weimar-Aufenthalten vertiefte und zeitweise sehr innig war. Carl Alexander, der selbst literarische Ambitionen hegte, hätte den berühmten Dänen gern auf Dauer an den Weimarer Hof geholt. Das aber lehnte Andersen ab, obwohl er für die Werbung des jüngeren Mannes gewiss auch erotisch empfänglich war und sich in Weimar manchmal fast heimisch fühlte. Er wusste zwischen Wunschtraum und Realität zu unterscheiden und ahnte, dass »diese große Liebe nicht von Dauer sein« (TB, S. 259) konnte. – Der Kontakt zwischen beiden wurde 1862 von Carl Alexander abgebrochen, jedoch in Andersens letzter Lebenszeit wieder aufgenommen, von beiden Seiten ohne Groll.

1844 reiste Andersen weiter nach Jena und Dresden, war zu Gast bei Major F. A. Serre auf Gut Maxen, besuchte in Leipzig unter anderen Clara und Robert Schumann und den deutsch-dänischen Verlagsbuchhändler Carl B. Lorck und in Halle Robert Prutz. In Berlin begegnete er Jacob Grimm (der seinen Namen noch nie gehört hatte), Ludwig Tieck, Alexander von Humboldt und Bettina von Arnim, von der er erfuhr, »[…] die Könige würden meine Märchen lesen, und das täte ihnen gut, da würden sie doch die Wahrheit erfahren« (TB, S. 218).

Bettina von Arnim

Doch erst einmal war Andersen bemüht, sich mit den Königen gut zu stellen, und fühlte sich geehrt, als er im Spätsommer 1844 Gast des dänischen Königspaars auf der Insel Föhr sein durfte und Christian VIII. ihm am 8. 4. 1845 die jährliche Unterstützung um 100 Speziestaler erhöhte.

Finanziell war seine Arbeitsruhe also gesichert. Doch er brauchte die äußere Bewegung weiter, um seine Werke dann manchmal in einem rasanten Tempo zu Papier zu bringen. So benötigte er für die Endfassung des umfangreichen Märchens *Die Schneekönigin* laut Almanach im Dezember 1844 ganze vier Tage. Zu seiner Arbeitsweise gehörte auch, dass er den Text Freunden und Bekannten vorlas, um Klang und Wirkung zu überprüfen, wie er überhaupt ein unermüdlicher

Vorleser seiner Werke war und damit begeisterte und manchmal nervte.

Die Reise, die er am 31.10.1845 antrat, nach Deutschland, Österreich, Italien, Frankreich und in die Schweiz, gilt als die **Erste** erste seiner so genannten Triumphreisen – er war nun als be-**Triumphreise** rühmter Dichter unterwegs, um sich ehren und feiern zu lassen, um Freunde und Bekannte aufzusuchen und um Geschäftliches bei der Herausgabe seiner Werke zu ordnen. Einige Wochen verbrachte er bei der Familie Eisendecher in Oldenburg und wurde mehrmals vom dortigen Großherzog August empfangen. Ein weiterer Höhepunkt war die Einladung des preußischen Königspaars nach Potsdam, wo er in illustrer Gesellschaft, mit Alexander von Humboldt als Tischnachbarn, speisen und Märchen vorlesen durfte und am 6.1.1846 von **Orden** Friedrich Wilhelm IV. mit dem Roten Adlerorden dritter Klasse ausgezeichnet wurde.

Dieser erste Orden, dem am 18.9.1846 der dänische Dannebrog-Orden folgte, löste in Andersen eine kindliche Freude aus, und überhaupt genoss er alle Ehrungen und Empfänge in einer Weise, die Heines Urteil verständlich macht. Es war und blieb für ihn etwas Besonderes – der arme Schustersohn fühlte sich emporgehoben, wurde jedoch nie das Gefühl des Außenseiters los und war ein scharfer Beobachter, auch seiner selbst, der die Blöße des Kaisers nicht übersah. Nach einem wahrhaft fürstlichen Empfang in Weimar, bei dem er mit Dreispitz und Degen aufgetreten war, notierte er am 16.1.1846: »Ich bin nicht recht froh, eine Angst, ein sonderbares Gefühl bedrückt mich. Alles erscheint mir leer!« (TB, S. 238)

Danach reiste er weiter nach Leipzig, traf hier unter anderen die Komponisten Niels W. Gade und Felix Mendelssohn Bartholdy, wurde von Berthold Auerbach um das Du gebeten und war von Wagners *Tannhäuser*-Ouvertüre begeistert. Als er Richard Wagner dann 1855 in Zürich besuchte, kam es zu einem halbstündigen Gespräch.

Bei den deutschen Verlegern war er jetzt begehrt, gleich vier bewarben sich um seine Gunst, und er entschied sich – gegen Brockhaus – für den gebürtigen Dänen Carl B. Lorck und schloss mit ihm im Februar 1846 einen Vertrag über die Her-

ausgabe *Gesammelter Werke*, die ab 1847 in 30 Bänden heraus-
kamen. Er übernahm es selbst, zur Einführung eine Autobiographie zu schreiben, die dann 1847 in der Übersetzung von
Julius Reuscher als *Das Märchen meines Lebens ohne Dichtung*
zuerst auf Deutsch, im gleichen Jahr auf Englisch und erst
1942 auf Dänisch erschien.

Zweite
Autobiographie,
vgl. S. 118

In England, wo 1845 seine Romane *Der Improvisator*, *Nur ein
Spielmann* und *O. T.*, 1846 *Eines Dichters Basar* und auch Märchen erschienen waren, ging ihm ein guter Ruf voraus, als er
am 13. 5. 1847 dorthin aufbrach. Schon in den Niederlanden
erlebte er einen triumphalen Empfang, und in London, das
ihn mit seinem Leben und Treiben faszinierte, reichte man

Reise nach
England

Leben

Andersen kommt
vom Friseur.
Karikatur von
Fritz Jürgensen,
um 1840

ihn von einer Ehrung zur anderen. Er wurde von Außenminister Lord Palmerston empfangen, besuchte seinen Verleger Richard Bentley, unternahm mit Bankier Hambro eine Reise nach Schottland, wurde von der Presse (mit Ausnahme des Satireblatts *Punch*) bejubelt und mit Bitten um Autogramme überhäuft. Bei Lady Blessington traf er mit Charles Dickens zusammen, den er zehn Jahre später für mehrere Wochen besuchte. Danach brach Dickens den Kontakt zu seinem vermutlich äußerst anstrengenden Gast rigoros ab.

Charles Dickens

Die Jubel-Berichte, die Andersen aus England nach Hause schrieb, wurden dort weniger begeistert aufgenommen und brachten ihm Karikaturen und die Bezeichnung »unser im Ausland weltberühmter Orang-Utan« (MLE 2, S. 60) ein. Im *Märchen meines Lebens* berichtet er aber auch über andere Erlebnisse auf dieser Reise.

> »›High life‹ habe ich gesehen und – Armut, dies sind die beiden Pole in meiner Erinnerung. – Armut sah ich personifiziert in einem blassen, ausgehungerten jungen Mädchen in verschlissenen, elenden Kleidern [...]. Ich erinnere mich an die Bettler, Männer und Frauen, die auf der Brust ein großes, steifes Stück Papier trugen, beschrieben mit den Worten: ›Ich sterbe vor Hunger! Erbarmen!‹« (MLE 2, S. 37)

In dieser Zeit der Triumphe schrieb er im Ausland und daheim Texte von sehr unterschiedlicher Art. Während er an seiner Autobiographie arbeitete, kam ihm im glühend heißen Neapel des Junis 1846 eine Märchen-Idee, die er sogleich skizzierte, jedoch erst im Februar 1847 ausführte. *Der Schatten*, sein vielleicht bedeutendster und tiefsinnigster Text, in dem ein Mann Opfer des eignen Schattens wird, ist offen für vielfältige Interpretationen und lässt sich auch als Gegenentwurf zum Lob auf die Vorsehung und die gute Fee seines gedichteten »Lebensmärchens« lesen.

Vgl. »Der Schatten«, S. 114 f.

Noch eine andere Dichtung beschäftigte ihn in dieser Zeit. Schon in seiner *Fußreise* war der Ewige Jude aufgetreten, und seit etwa 1839 hatte er sich darum bemüht, den Ahasverus-Mythos als Weltdrama und als sein eigenes zu gestalten. Die-

Vgl. S. 91

ses Drama, in dem Ahasverus als Engel des Zweifels figuriert, brachte er im Sommer 1847 zu einem Abschluss, wohl wissend, dass er die riesige Stofffülle nicht bewältigt hatte. Und er hegte die Befürchtung, wie er schon 1843 Ingemann anvertraut hatte, dass es einem Ahasverus auch in der Gegenwart schlecht ergehen würde: »Die Kopenhagener schlagen ihn wohl sofort tot; zumindest werden sie es versuchen!« (B & B 2, S. 91)

Däne und Weltbürger (1848-1864)

Andersen hat sich nach Kräften bemüht, als unpolitischer Dichter zu erscheinen und sich aus nationalen wie internationalen Konflikten möglichst herauszuhalten. »Politik ist nicht meine Sache, da kann ich nichts ausrichten; Gott hat mir eine andere Aufgabe gegeben«, schreibt er im *Märchen meines Lebens*, denn »in unserem Zeitalter ist die Politik für viele Dichter ein großes Unglück« (MLE 1, S. 255). Doch als Untermieter, der Andersen im wörtlichen wie im übertragenen Sinn in der bürgerlichen Gesellschaft blieb, gelang es ihm nicht, einen Elfenbeinturm für sich zu etablieren. Er konnte seine Herkunft nicht vergessen und hatte stets ein sicheres Gespür für soziale Missstände – in seinen Märchen dominieren die »armen« Helden.

Die Februarrevolution in Paris 1848, der revolutionäre Aktionen in mehreren europäischen Ländern folgten, wirkte sich indirekt auch auf Dänemark aus. Am 18. 3. stellten 70 Deputierte der schleswig-holsteinischen Stände einen Katalog von Forderungen auf, in dem sie unter anderem eine gemeinsame Verfassung für die Herzogtümer, Aufnahme in den Deutschen Bund sowie Vereinigungs- und Versammlungsfreiheit verlangten. Das führte in Kopenhagen zu Demonstrationen und Massenaufläufen. Andersen wirkte aktiv an der Verhinderung von Ausschreitungen mit und konnte sich auch nicht für das ständige Absingen von patriotischen Liedern begeistern. Nachdem König Frederik VII. unter dem Druck der Nationalliberalen eine neue Regierung gebildet und seine Zielsetzung verkündet hatte, ganz Schleswig bis zur Eider dem dänischen Reich anzugliedern, brach am 23./24. 3. ein Aufstand

Politische Unruhen

Demonstration
in Kopenhagen
am 22. 3. 1848.
Zeichnung von
unbekanntem
Künstler

Deutsch-däni- der deutschen Bevölkerung Schleswig-Holsteins los, der sich
scher Krieg zu einem blutigen dreijährigen Krieg gegen Dänemark aus-
1848-50 dehnte.

Andersen war davon verstört. Nicht nur dass ihm das »Ungeheuer Krieg«, wie er in mehreren Briefen schrieb, von Herzen
zuwider war – ihm, dem weit gereisten und berühmten Dichter, wurde nun die Frage der nationalen Identität aufgezwun-
gen. Bis dahin hatte er sich mit Kritik an Dänemark keinerlei
Zurückhaltung auferlegt und die »nassen, schimmelgrünen
Inseln«, mit einem Volk, »böse, kalt, satanisch« (TB, S. 203),
manchmal nach Leibeskräften beschimpft. Einige Male hatte
er sich sogar gewünscht, nie wieder dorthin zurückzukehren.
Doch jetzt, als sein Heimatland von Truppen aus jenem Ausland angegriffen wurde, in dem er so früh Anerkennung und
persönliche Freunde gefunden hatte, wo seine Werke in reprä-
sentativen Ausgaben erschienen und sich allgemeiner Beliebtheit erfreuten, fühlte er sich in Dänemark, in der dänischen
Kultur und Sprache zu Hause. In einem offenen Brief, den er
am 13. 4. 1848 an William Jerdan, Redakteur der englischen
Literary Gazette, schrieb, verteidigte er die dänische Position
und drückte gleichzeitig die Hoffnung aus, die Deutschen,
die er für ein »ehrliches, wahrheitsliebendes Volk« hielt, würden zur Einsicht kommen und ihre Verbitterung sich in
»Hochachtung und Freundschaft« (MLE 2, S. 71) wandeln.
Auch in den *Vaterländischen Versen und Liedern,* die er in die-

ser Zeit verfasste und die 1851 erschienen, fehlt bei aller Partei-
nahme für die dänische Sache ein nationales Feindbild. In seinem berühmt gewordenen Gedicht *Dänemark, mein Vater-*   Vgl. S. 93
land erklärt er seine Liebe zur Heimat eher lyrisch, weil er
darin verwurzelt ist und hier sein Weg begann – hinaus in die
Welt. Engstirniger Nationalismus war ihm ebenso fremd wie
martialisches Rachegelüst. Und während er sich in Dänemark
Vorwürfe anhören musste, nicht genug für sein Vaterland zu
tun, warb er bei deutschen Freunden um Verständnis für Dänemark; die ließen sich jedoch, wie Lina von Eisendecher und
der geliebte Carl Alexander aus Weimar, wenig davon beeindrucken.

Den Sommer 1848 verbrachte er dann auf verschiedenen
Gutshöfen, nahm am Leiden der Soldaten Anteil, und wäh-
rend er ihrem Exerzieren zusah, »sproß wunderbar ein ganzes
Stück Roman hervor« (TB, S. 282). Dieser Roman, *Die zwei*   Vgl. »Die zwei
Baronessen, an dem Andersen, mit Unterbrechungen, mehrere   Baronessen«,
Jahre arbeitete, erschien am 28. 9. 1848 zuerst in englischer   S. 95
Übersetzung, am 25. 11. im dänischen Original und im glei-
chen Jahr als Band 32 bis 35 der deutschen Werkausgabe und
wurde trotz der Kriegssituation freundlich aufgenommen –
Andersen war für die deutsche Kritik noch immer der »harm-
lose, gemüthliche Erzähler« (zit. n. *Trekant*, S. 230).

Ende 1848 (mit der Jahreszahl 1849) veröffentlichte der Verlag
Carl B. Lorck eine Ausgabe *Gesammelte Märchen* mit 112 Illustrationen von Vilhelm Pedersen, der mehrere Monate in deutscher Kriegsgefangenschaft verbracht hatte. Erfolg hatte Andersen jetzt in Kopenhagen auch als Dramatiker, vor allem im
neu eröffneten Casino-Theater, und im Herbst 1848 zog er
wieder einmal um, in das Gebäude Nyhavn 67, wo er, mit
Unterbrechungen, bis 1865 als Untermieter wohnen blieb –
insgesamt wechselte er in Kopenhagen mehr als 15 Male die
Anschrift.

Als der Krieg nach einem Waffenstillstand im April 1849 wieder aufloderte und Andersen einmal mehr mangelnder Pa-
triotismus und Fanatismus vorgeworfen wurden, fuhr er nach
Schweden, das im Sinne eines politischen Skandinavismus
auf Dänemarks Seite stand, ohne direkt in die Kampfhand-

lungen einzugreifen. Er bemühte sich vergeblich, König Oscar I., bei dem er sich für den Nordstern-Orden bedankte, zu
einer aktiveren Unterstützung zu bewegen. Dennoch waren
seine üblichen physischen Beschwerden durch die andere
Umgebung sogleich behoben, er fühlte sich von der Last des
Ruhmes frei und konnte wieder Neues für sich entdecken,
interessierte sich unter anderem für Industrieanlagen und ein
Gefängnis.

In diesen kriegerisch bewegten Zeiten, die in Dänemark zur
Abschaffung der absolutistischen Herrschaftsform und am
5. 6. 1849 zu einem ersten Grundgesetz führten, befand sich
Andersen, den diese Ereignisse mehr beunruhigten als begeisterten, in einem ästhetischen Selbstfindungsprozess, der sich
auch in seinem Reisebuch *In Schweden* niederschlug. Unter
dem Einfluss seines Freundes H. C. Ørsted glaubte er in den
neuen Bereichen der Wissenschaft ein Goldland, das »Kalifor-
nien der Poesie«, zu finden. Das ließ ihn jedoch nicht überse-
hen, dass die zunehmende Industrialisierung vor allem auf
Profit berechnet war und auch zu Umweltschäden führte.
Trotz seiner Begeisterung für alle wissenschaftlichen und technischen Neuerungen war Andersen nicht blind fortschritts-
gläubig und ahnte damit verbundene Probleme voraus.

Vgl. »In Schwe-
den«, S. 99

Auf die Nachricht vom Friedensschluss in Berlin am 2. 6. 1850
reagierte Andersen mit Erleichterung und Freude, und einer
der ersten, denen er das brieflich mitteilte, war Carl Alexander
in Weimar, der jedoch nur kühl und knapp darauf antwortete.
Als Andersen 1851 wieder nach Deutschland fuhr, verzichtete
er dann auf einen Besuch in Weimar. Stattdessen besichtigte
er die Spuren des Kriegs in Schleswig und die Befestigungsan-
lage Danewerk, reiste über Hamburg nach Dresden und Prag
und hielt sich zehn Tage bei der Familie Serre auf Gut Maxen
auf. Dort war eine 1844 von ihm gepflanzte Lärche inzwischen
herangewachsen und mit der Inschrift »Des dänischen Dichters Baum« versehen.

Auch für seine Märchendichtung suchte Andersen nach einem Neuansatz. Am 4. 5. 1852 und 30. 11. 1852 (jedoch mit der
Jahreszahl 1853) erschienen zwei Prosabände mit dem Obertitel *Geschichten*, deren Texte mit einer Ausnahme erst nach

»Geschichten«

Kriegsende entstanden waren. Wann und mit welchen Überlegungen Andersen zu dieser neuen Genre-Bezeichnung fand,
ist ungewiss – überhaupt war er wenig mitteilsam, was seinen
eigentlichen Schreibprozess betraf. Erst in seinen vorange-
stellten Bemerkungen zu den *Märchen und Geschichten* 1863
liefert er dafür eine Art Erklärung: »Die Volkssprache stellt
unter diese Bezeichnung die einfache Erzählung und die
kühnste Phantasie-Darstellung; Ammenmärchen, Fabel und
Erzählung werden von Kind, Bauern und gemeinem Mann
mit dem kurzen Namen ›Geschichten‹ versehen.« (*Eventyr* 6,
S. 10)
Die bisherigen Grenzen des Märchen-Genres, die er auch vorher schon überschritten hatte, waren ihm also zu eng geworden. In den *Geschichten* der Jahre 1852 und 1853, die ver-
gleichsweise wenig Phantasievolles enthalten, darunter die
technische Zukunftsvision *In Jahrtausenden* und das Märchen
Der Kobold und der Kaufmann, probiert er neue Möglichkeiten aus, auch mit didaktisch-moralisierenden Intentionen
und nicht immer frei von Sentimentalität. Nach einem weiteren Band *Geschichten* 1855 genügte ihm auch dieser Terminus
offenbar nicht mehr, denn ab 1858 und dann bis 1872 ver-
öffentlichte er *Neue Märchen und Geschichten* in fortlaufen-   »Neue Märchen
den Sammlungen, ohne auseinander zu dividieren, was darin   und Geschich-
»Märchen« und was »Geschichte« ist.   ten«
Um die Jahrhundertmitte scheint er sich endgültig in seinem
Junggesellendasein eingerichtet und seine Lebensform gefunden zu haben. Dazu gehörte, dass er fast jedes Jahr eine Auslandsreise unternahm und auch in Dänemark unterwegs war,
wo er sich vor allem im Sommer vom dänischen Landadel
verwöhnen und hofieren ließ. Wenn er in Kopenhagen war,
besuchte er reihum Freunde und Bekannte und hatte seinen
festen Platz im Theater. Allein war er eigentlich nur beim
Schreiben, wenn er gegen seine Einsamkeit die Sprache setzte,
die bei so viel Unrast vielleicht seine eigentliche Heimat war.
Als er sich im Alter von 61 Jahren, inzwischen so wohlhabend,
dass er sich ein ganzes Haus hätte leisten können, auf heftiges
Anraten von Henriette Collin endlich zum Kauf eines eigenen Bettes entschloss, empfand er diesen Besitz als eine trau-

> »Hundert Reichstaler habe ich für ein Bett ausgeben müssen,
> und das wird nun mein Sterbebett werden; denn wenn es nicht
> so lange hält, dann ist es das Geld ja nicht wert! Ich wollte, ich
> wäre noch zwanzig, dann nähme ich mein Tintenfass auf den
> Rücken, zwei Hemden und ein Paar Strümpfe, steckte mir eine
> Schreibfeder an die Seite und ginge in die weite Welt hinaus.«
> (Andersen in einem Brief vom 16. 10. 1866 an J. P. E. Hartmann;
> B & B 2, S. 559)

matische Belastung – und brach wenig später zur nächsten
Auslandsreise auf, um sich die Pariser Weltausstellung anzusehen. Gestorben ist er in seinem eigenen Bett nicht.

An Ehrungen und Empfängen in höchsten Kreisen war ihm
weiterhin sehr gelegen, obwohl er nun bei seinen Reisen gen
Süden Preußen möglichst mied und sich nur noch zum Über-
nachten oder für Besuche von Museen und Oper in Berlin
aufhielt. Auch in Weimar fühlte er sich 1852 nicht mehr so
wohl, zumal eine Lesung seines *Schattens* bei Hofe missfiel.
Dass er 1857 überhaupt noch einmal nach Weimar kam, hatte
einer doppelten Einladung von Carl Alexander bedurft, der
seine Teilnahme an der Einweihung des Goethe-Schiller-
Denkmals wünschte. Andersen wurde dabei kaum wie ein
Ehrengast behandelt und war ein etwas distanzierter, jedoch
aufmerksamer Beobachter.

Wohler fühlte er sich in Sachsen, in Dresden und auf Gut Maxen bei den Serres, und im November 1860 las er König Johann von Sachsen Märchen vor und bekam von ihm einen
Diamantring geschenkt. In Bayern wurde er ebenfalls könig-
König Max lich empfangen und unternahm im Juni 1852 mit König Max
eine Bootsfahrt auf dem Starnberger See, wobei er *Das hässliche Entlein* vorlas und ein Gespräch mit dem König führte,
das er im Tagebuch »herzlich und vertraulich« (TB, S. 312)
nennt. Zwei Jahre später war er dann sein Gast auf Hohen-
schwangau.

Im Sommer 1853 hatte Andersen noch einen anderen Grund,
Kopenhagen zu verlassen – die Cholera war ausgebrochen. So

Leben

hielt er sich bis Mitte September abwechselnd im jütländischen Silkeborg, wo er sich für die entstehende Papierindustrie interessierte, auf Gut Glorup und in Sorø bei den Ingemanns auf. In dieser Zeit begann er, seine 1847 in Deutschland erschienene Autobiographie *Das Märchen meines Lebens ohne Dichtung* für dänische Leser zu bearbeiten, zu erweitern und fortzusetzen, und wurde damit, laut Eintragung im Almanach, am 18. 5. 1855 fertig – nicht, wie er in der Druckvorlage effektvoll als Schlusspunkt setzt, am 2. 4., seinem 50. Geburtstag. Sie erschien im Juni des Jahres mit dem Titel *Das Märchen meines Lebens*.

»Das Märchen meines Lebens«, vgl. S. 118

Während er schubweise an dieser Selbstdarstellung arbeitete, beschäftigten ihn weiterhin die Möglichkeiten von Wissenschaft und Technik, und unter dem Eindruck einer Telegrafie-Vorführung schrieb er am 3. 6. 1852 an den Schriftsteller Carsten Hauch: »Die Wissenschaft hat in den letzten Jahren ein solches Interesse für mich angenommen, dass ich überzeugt davon bin, dass ich, wäre ich vor 20 Jahren so von ihrer Herrlichkeit wie jetzt erfüllt gewesen, gewiss einen ganz anderen Weg eingeschlagen hätte als den, den ich jetzt gehe, oder richtiger: Ich hätte mir Kenntnisse in einer Richtung angeeignet, die meiner Dichtertätigkeit zu einer ganz anderen Blüte als jetzt verholfen hätte.« (B & B 2, S. 291 f.)

Auch philosophische Kenntnisse versuchte er sich in diesem Zusammenhang anzueignen, doch die *Briefe gegen den Materialismus* des deutschen Theologen Friedrich Fabri, die er im Mai 1856 studierte, ließen ihn eher ratlos: »[…] sie haben bei mir vieles erhellt, jedoch nicht eindeutig jede materialistische Behauptung ausgelöscht; ich stehe, mit mehr Erfahrung, gleich klug zwischen Geist und Materie, doch das Unsichtbare in mir will das Unsichtbare.« (TB, S. 322) Dagegen war er im Herbst 1855 von den Vorlesungen des Physiologen und Zoologen D. F. Eschricht gegen die neue materialistische Schule begeistert. In einem neuen Roman, »*Sein oder nicht sein*«, der dann 1857 auf Dänisch, Englisch und Deutsch erschien, versuchte er selbst zu einem Ausgleich zwischen Wissenschaft und Religion, Natur und Bibel zu gelangen und auch sein Kriegserlebnis 1848-50 zu verarbeiten. Er legt der

Interesse für Philosophie

Vgl. »»Sein oder nicht sein««, S. 96

weiblichen Hauptgestalt Esther jedoch ein Bekenntnis in eigner Sache in den Mund, mit dem er indirekt darauf hinweist, dass seine eigentliche Begabung woanders und nicht im Romanschreiben liegt.

> »Ich finde, dass die Märchendichtung das am weitesten ausgedehnte Reich der Poesie ist, es reicht von den blutdampfenden Gräbern der Vorzeit bis zum Bilderbuch der frommen, kindlichen Legende, nimmt die Volksdichtung und die Kunstdichtung in sich auf; sie ist mir Repräsentantin aller Poesie, und wer sie beherrscht, muss in sie das Tragische, das Komische, das Naive, die Ironie und den Humor hineinlegen können und hat hier sowohl die lyrische Saite, das kindlich Plaudernde als auch die Sprache des Naturbeschreibers zu seinem Dienst.« (Hans Christian Andersen, *»Sein oder nicht sein«*; Andersen 2001, S. 214)

Tatsächlich widmete er sich ab 1857 wieder verstärkt der Märchendichtung und schrieb in rascher Folge rund 30 Texte mit einer Vielfalt von Themen und Ausdrucksformen, nicht zuletzt humoristischen. Er las sie nicht nur Freunden vor, sondern trat auch im Studentenverein und, als erster dänischer Dichter, im gerade gegründeten Arbeiterverein auf, in dem er ein neues Publikum für sich gewann.

Dagegen hatte er in seinem privaten Umfeld schmerzliche Verluste zu beklagen. Am 13. 9. 1858 kam seine Freundin Jette Wulff auf dem Weg nach New York bei einem Schiffsbrand ums Leben, was ihn nicht nur tief erschütterte, sondern auch seine Katastrophen-Angst verstärkte. Obwohl er mehrfach in die USA eingeladen wurde, wo sich seine Werke großer Beliebtheit erfreuten, wagte er sich nicht über den Ozean.

Am 28. 8. 1861 starb hochbetagt sein Gönner und »Vater« Jonas Collin, und damit ging jene Ära zu Ende, in der Andersen in dessen Haus stets Hilfe und Zuflucht hatte finden können. Dass Jonas Collin nicht nur ein gütiger Patriarch für ihn gewesen ist, erhellt unter anderem aus einem Traum, den er am 14. 10. 1864 notierte: »[...] ich selbst lief nun ohne Kleider, nur mit einem schottischen Plaid herum, befürchtete, ich könnte von der Polizei angehalten oder von den Jungen ver-

Tod von Jette Wulff

Tod von Jonas Collin

folgt werden, [...] und hier kam der alte Collin und brachte mich zur Raison, ich befand mich in der schrecklichsten Abhängigkeit und fragte, ob er denn nicht gestorben sei, aber das war er nicht.« (TB, S. 443)

Um diese Zeit fand Andersen aber auch neue Freunde. So lernte er 1861 in Rom den norwegischen Dichter Bjørnstjerne Bjørnson kennen, den er zehn Jahre später in Norwegen besuchte. Anfang 1862 vertiefte sich seine Beziehung zu dem gut 30 Jahre jüngeren Balletttänzer Harald Scharff, dem er zusammen mit dessen Freund (und Partner?) Lauritz Eckardt schon 1857 in Paris, dann auch an anderen Orten wie Oberammergau begegnet war. Seinem Tagebuch ist zu entnehmen, dass aus dieser Freundschaft eine Art Liebesbeziehung wurde, obwohl er sich nur sparsame Andeutungen wie »sehr vertraulich und freundlich« erlaubt und nicht näher erläutert. Diese heftige Neigung muss auch anderen aufgefallen sein, denn am 17. 2. 1862 notiert er: »Theodor [Collin, von Beruf Arzt] versetzte mich in sehr schlechte Laune, indem er hervorhob, wie deutlich ich meine Liebe zu S zeigte – man würde es bemerken und lächerlich finden.« (TB, S. 376)

Lächerlich war diese Liebe so wenig wie vorher die zu Ludvig Müller, Edvard Collin, Henrik Stampe, vielleicht Carl Alexander von Weimar – aber sie verstieß gegen die offizielle Norm. Andersen hat sich zu seiner homoerotischen Veranlagung, deren Spuren auch in seinem Werk sichtbar sind, niemals öffentlich bekannt, sondern hat sie zu verbergen, vielleicht zu verdrängen gesucht. Hätte er seiner Mitwelt den geringsten Anlass zu einem derartigen »Verdacht« gegeben, dann hätte ihm keine der angesehenen Kopenhagener Familien einen Sohn als Reisegefährten mitgegeben, wie es in späteren Jahren mehrmals geschah. Und er hätte, schon mit dem Makel seiner sozialen Herkunft belastet, auf keinen Fall auch noch als sexueller Außenseiter gelten wollen, was Ächtung und sogar Kriminalisierung bedeutet hätte. Als der Literatur- und Theaterkritiker Clemens Petersen 1869 wegen eines ähn-

Harald Scharff im Ballett »Die Walküre«, um 1865

Homoerotik

Andersen und
Jonas Collin d. J.
in Bordeaux,
1863

lichen »Vergehens« das Land verlassen musste, reagierte Andersen bestürzt und empathisch: »Jetzt redet die ganze Stadt schlecht über Clemens Petersen; er ist von allen verstoßen; gewiß nimmt er sich das Leben. [...] ich war erfüllt davon und finde, daß er gesündigt hat, doch man bestraft ihn unverzeihlich hart. Unsere Gesetzgeber sind keine Richter, wie Christus es war.« (TB, S. 508)

Auch mit Harald Scharff fand Andersen kein dauerhaftes Glück, und seine Beziehung zu ihm nahm einen ähnlichen Verlauf wie die zu anderen Männern – nach anfänglicher Euphorie gab es schmerzliche Enttäuschungen und Krisen, schließlich Verzeihen und Resignation.

Die Frage, ob er freiwillig oder unfreiwillig auf eine erfüllte Liebesbeziehung verzichtet und seine »Unschuld«, wenn überhaupt, bewahrt hat, muss offen bleiben, und nicht alle Zeugnisse, auch was seine Beziehung zu Harald Scharff betrifft, sind erhalten. Wie sehr hat er, häufig masturbierend, unter seiner Enthaltsamkeit und Einsamkeit gelitten?

Im Sommer 1862 brach Andersen, siebenundfünfzigjährig, zu einer Reise auf, die ihm trotz erheblicher Strapazen, Unbequemlichkeiten und Streitereien mit seinem Reisegefährten Jonas, Sohn des einst so umworbenen Edvard Collin, noch einmal neue Eindrücke und Erlebnisse brachte – nach Spanien, wo er so gut wie unbekannt war. Sein Reisebuch *In Spanien*, das 1863 auf Dänisch und ein Jahr später auf Deutsch erschien, enthält eine große Zahl von Gedichten, in denen er Vgl. »In Spanien«, S. 100

wechselnde Stimmungen ausdrückt, auch erotische Bekenntnisse ablegt, die vielleicht gar nicht den schönen Spanierinnen galten, und über das Älterwerden klagt. Wieder zu Hause, musste er dann erleben, dass sich Harald Scharff mehr und mehr von ihm entfernte und auch der junge Jonas Collin ihm kein Herzensfreund werden wollte.

Die politische Lage trug ebenfalls zu Andersens wachsender Verstimmung bei. Als die dänische Regierung im November 1863 eine Gesamtverfassung für Dänemark und das Herzogtum Schleswig proklamierte, war das für Preußen, das mit Österreich verbündet war, eine Herausforderung. Am 15. 11. starb König Frederik VII., was Andersen nicht nur mit Trauer, sondern auch mit Sorge um sein Land und um sich selbst erfüllte.

Am 1. 2. 1864 überschritten preußisch-österreichische Trup-

> »Es ist, als würde für Dänemark bald das letzte Stündlein schlagen, meine Gedanken sind nur bei Krieg und Aufruhr, mein Gemüt ist bedrückt; nur leere *politische* Reden sind zu hören. Ich sehe mein bißchen Zusammengespartes dahin, sehe mich auf meine alten Tage als Bettler. [...] Mit Dänemark ist es vorbei, auch mit der Lebenszeit meines Glücks – jetzt kommt die Nacht des Todes.« (Andersen in einem Tagebucheintrag vom 12. 12. 1863; TB, S. 415 f.)

pen die Eider, nahmen in kurzer Zeit Schleswig ein und stie-
ßen auf wenig Widerstand. Andersen brach die Beziehungen
zu seinen deutschen Freunden ab, konnte kaum etwas Literarisches zu Papier bringen und ertrug im Theater nur Musik.
Selbstbeobachter, der er ständig war, wusste er, dass er sich
mit seinen psychischen Problemen und seinen fixen Ideen am
Rand des Wahnsinns befand. Als der Krieg im Oktober 1864
durch den Wiener Friedensschluss zwischen Preußen-Öster-
reich und Dänemark beendet wurde, wobei das Königreich
mit den Herzogtümern Schleswig, Holstein und Lauenburg
fast die Hälfte seines Territoriums verlor, reagierte Andersen
hoffnungslos-pessimistisch und hatte einen Alptraum, den er,
mit Variationen, zwischen 1858 und 1874 insgesamt sechsmal
in seinem Tagebuch notierte: »Das Tüchtige geht, eins nach
dem andern, das Land zerfällt, ich fühlte mich bitter und
gottlos. Heute nacht hatte ich wieder meinen üblichen häßlichen Traum von einem lebendigen Kind, das ich an meine
warme Brust lege, diesmal war es doch nur in meinem Ärmel,
und es verschied und verwandelte sich in eine nasse Haut.«
(TB, S. 444)

Letzte Jahre (1865-1875)

Auch das Jahr 1865, in dem Andersen seinen 60. Geburtstag
feierte, begann mit einem Traum, der wichtige Bezugsperso-
nen seines Lebens durcheinander geistern lässt: »Heute nacht
geträumt, ich ginge ständig hinter Edvard Collin her, bis er
schließlich hinter einer Tür vor mir verschwand; träumte
danach von Meisling, bei dem ich nicht länger in die Schule
gehen wollte, und nun glitt der Traum über in eine Reise mit
Scharff und Eckardt.« (TB, S. 451)
Er brauchte lange, um sich aus seiner Krise herauszuarbeiten.
Zwar gelangten im April zwei dramatische Werke von ihm auf
die Bühne des Königlichen Theaters, doch erst im Juni
schrieb er nach langer Pause wieder einen Märchentext, *Die
Irrlichter sind in der Stadt, sagte die Moorfrau*, in dem die alte
Moorfrau des Volksglaubens dem schreibblockierten Dichter
zu neuer Kreativität verhilft und ihre Irrlichter diabolisch-be-
drohlich durch die Wirklichkeit jagen.

Endlich wollte Andersen wieder über die Grenzen Dänemarks hinaus. Im Herbst des Jahres fuhr er nach Schweden,
und Ende Januar 1866 brach er zu einer gut siebenmonatigen
Europareise auf, die ihn durch Deutschland, Holland, Belgien, Frankreich und Spanien bis nach Portugal führte. Dort
war er zu Gast bei den Brüdern José und George O'Neill, die
er aus Jugendjahren kannte, und unternahm kaum selbstän-
dige Ausflüge. Er litt nicht nur unter dem Klima, sondern
auch verstärkt unter Angstneurosen und Alpträumen. Den
Ratschlag seines Gastgebers, sich durch käuflichen Sex Erleichterung zu verschaffen, befolgte er nicht. Und er hatte
Heimweh – wie er in Dänemark ständig an Fernweh litt, eine
Spannung, in der er sich zeitlebens befand, die er brauchte
und produktiv zu machen wusste. Das Selbstbekenntnis, das
er in seinem Reisebuch *Ein Besuch in Portugal 1866* vor der ge-   Vgl. »Ein Besuch
fürchteten Schiffspassage nach Bordeaux abgibt, trifft auf ihn   in Portugal
nicht nur als den Reisenden zu: »Ich dachte so lange über die   1866«, S. 100
beschwerliche Seereise und alles, was einem in einer kriegerisch bewegten Zeit zustoßen könnte, nach, daß meine dop-
pelte Natur – Angst vor der Gefahr und Lust, sie zu erproben
– in heftige Bewegung geriet, und da, wie immer, erschlug der
Wille die Angst.« (Andersen 1988, S. 334)
Während der Heimreise nutzte er einen knappen Tag in Paris
nicht nur für den Einkauf von Ordensbändern, sondern auch
für einen Bordellbesuch. Hatte ihn nur die Neugier getrieben,   Bordellbesuche

»Ich war nun während dieser ganzen Reise dazu aufgeheizt gewesen, Frauenzimmer zu besuchen, und obwohl ich sehr müde
war, beschloß ich doch, mir derlei anzusehen; ging in ein Haus;
eine Dame erschien, welche Menschenfleisch verkaufte, vier
Frauenzimmer traten vor mir auf, die jüngste, hieß es, war acht-
zehn Jahre; ich bat sie zu bleiben; sie war so gut wie im blo-
ßen Hemd; sie tat mir sehr leid. Ich bezahlte der Madame 5
Franc, gab auch dem Mädchen, als sie mich darum bat, 5 Franc,
tat jedoch nichts; sah mir das arme Kind nur an, das sich
vollkommen entblößte und darüber verwundert schien, daß ich
sie nur betrachtete.« (Andersen in einem Tagebucheintrag vom
30. 8. 1866; TB, S. 480)

sich dem Phänomen Weiblichkeit wenigstens visuell zu nähern? Oder wollte er die Wirkung des Angebots auf sich prüfen, an einem Ort, wo er ein anonymer Kunde war? Von Bordellbesuchen in Paris, die allesamt ähnlich verliefen, berichtet er auch in den Jahren 1867 und 1868 – was hat ihn noch mindestens drei weitere Male dorthin gelockt?

Anderen Männern gönnte er die Fleischesfreuden durchaus, so dem jungen Journalisten Robert Watt, mit dem er 1867 nach Paris reiste und der ihm dann von seinen Erlebnissen erzählte. Aber Andersen interessierte sich mehr für die Pariser Weltausstellung, wobei er in all dem Prächtigen und Neuen wieder »Meister Blutlos« – ein Begriff, den er unter anderem in seinem Reisebuch *In Schweden* gebraucht – am Werke **»Die Dryade«** fand. Das inspirierte ihn zu dem Märchen *Die Dryade*, das er 1868 beendete: Eine kleine Baumnymphe, die wie *Die kleine Meerfrau* und *Der Tannenbaum* von einem Leben in einer anderen, schöneren Welt träumte, darf für einen Tag Paris von den Kloaken bis zu den Glitzer-Etablissements durchstreifen und muss schließlich am Moloch Großstadt zugrunde gehen.

Im Jahr 1867 gab es für Andersen mehrere Höhepunkte: Am 26. 5. wurde er von König Christian IX. zum Etatsrat ernannt, **Ehrenbürger** ein Titel, auf den er großen Wert legte. Und am 6. 12. wur- **von Odense** de er Ehrenbürger seiner Heimatstadt Odense, die aus diesem Anlass – wie ihm in seiner Kindheit prophezeit worden sein soll – tatsächlich illuminiert wurde. Aber recht genießen konnte er die ausgedehnten Festivitäten nicht – er war stark erkältet und litt derart an Zahnschmerzen, dass er das Ganze zeitweise als Tortur empfand; was ihn nicht davon abhielt, die große Zahl der Gratulanten genau zu registrieren und dabei **Ehrenbürger-** bitter zu vermerken, dass er von **Diplom für H. C.** Familie Collin und Anverwand- **Andersen** ten keinen Glückwunsch erhal-

Leben

ten hatte. Die Nachfeier in Kopenhagen wurde ihm dann auch von der jüdischen Familie Melchior ausgerichtet.

Um 1860 hatte er sich mit der Familie des Wechselmaklers Martin R. Henriques angefreundet und wurde auch von Henriques' Schwester Dorothea Melchior und ihrem Mann, dem Großhändler Moritz G. Melchior, herzlich aufgenommen. **Neue Freunde** Bei diesen wohlhabenden, kunstliebenden Familien, die ihn nicht wie die Collins zu erziehen versuchten, fühlte er sich von Komplexen unbelastet und als Mensch geschätzt. Wegen ihrer jüdischen Herkunft in der guten Kopenhagener Gesellschaft selbst Außenseiter, hatten sie für den Außenseiter Andersen mehr Verständnis und haben ihn in seinen letzten Lebensjahren liebevoll umsorgt.

Zu Andersens neuen Bekannten in dieser Zeit gehörte außer dem Maler Carl Bloch, der ihn 1869 porträtierte, auch der junge Literaturkritiker und Essayist Georg Brandes, der im **Georg Brandes** gleichen Jahr einen mehrteiligen Essay über *Andersens Märchen* veröffentlichte. Er lobte den Dichter in dieser ersten kritischen Darstellung jedoch nicht uneingeschränkt, sondern wünschte ihm »mehr Persönlichkeit, ein männlicheres Wesen und eine ruhigere Geisteskraft« (Brandes 1882, S. 110) und merkt zu seinen Romanen an: »[…] seine Männer werden nicht männlich genug, seine Frauen nicht recht weiblich sein. Ich kenne keinen Dichter, dessen Geist geschlechtsloser, dessen Talent weniger ein bestimmtes Geschlecht verräth als Andersen.« (Brandes 1882, S. 111)

Obwohl ihm Brandes in seiner Kritik indirekt geraten hatte, sich von der größeren epischen Form besser fern zu halten, versuchte sich Andersen noch einmal mit einem Roman, der eher eine märchenhafte Erzählung wurde. 1870 schrieb er in wenigen Sommerwochen eine letzte Version seiner mehrfach variierten Aladdin-Glücksritter-Geschichte mit dem Titel *Glücks-Peter* (so im Deutschen eingeführt für dänisch *Lykke-* **Vgl. »Glücks-** *Peer*) und ließ sie diesmal tödlich enden. **Peter«, S. 96**

Obwohl sich Andersen lebenslang zum Dichter berufen fühlte, hielt er sich nicht für ein Genie und wurde oft von Selbstzweifeln geplagt. Er sah seinen Platz eher in der zweiten Reihe der Literaturgeschichte, träumte aber doch von Unsterblichkeit. So erklärte er der Wiener Schauspielerin Amalie Haizinger, die ihn für »verwandt« mit Johann Peter Hebel hielt, am 24. 10. 1867: »[…] wir gehören zu den kleinen Basreliefs […]; die Statuen sind Shakespeare, Cervantes, Goethe, Oehlenschläger; ja, die Zukunft wird über die Gegenwart urteilen, den kleinen Basreliefs ihre Bedeutung geben, und dann leben sie vielleicht auch in Marmor, als Arabesken, doch sie leben.« (TB, S. 514)

Im Sommer 1870 beschäftigte ihn nicht nur der *Glücks-Peter*-Roman, sondern auch die Idee zu einem Märchen über Zahnschmerzen und falsche Zähne, die er dann etwa ein Jahr später wieder aufgriff. Erst im Sommer 1872 wurde der Text fertig und erhielt nun den Titel *Tante Zahnweh*. Dass er an diesem Märchen so lange gearbeitet hatte, mag mehrere Gründe haben.

Vgl. »Tante Zahnweh«, S. 117

Krieg 1870/71 Der deutsch-französische Krieg 1870/71 bedrückte ihn sehr. Er sympathisierte mit Frankreich, litt jedoch mit den Opfern beider Kriegsparteien und vermerkt am 19. 10. 1870 im Tagebuch: »Der Krieg droht mich in den Wahnsinn zu treiben, ich wage es nicht, mich zu einem einzigen Menschen darüber auszusprechen, ich fühle mich mitten in all dieser Qual.« (TB, S. 534) Und am 31.10.: »Mein Gemüt den ganzen Tag unendlich bedrückt. Satan flüstert mir Böses ins Ohr! Der Krieg schlägt mich tot.« (TB, S. 534) Allerdings hielt er seine Missstimmung für zeitweilig und wusste damit umzugehen: »Ich bin lebenssatt – heute abend«, heißt es am 10. 11. (TB, S. 534)

Zudem wechselte er in dieser Zeit einige Male die Wohnung und fand schließlich im Oktober 1871 bei Fräulein Hallager, Nyhavn 18, ein Logis, in dem er glaubte bleiben zu können, hielt sich jedoch häufig auf dem Landsitz der Familie Melchior auf. Und er musste wieder ins Ausland: 1871 reiste er über Schweden nach Norwegen, 1872 bereiste er fast zwei Monate lang Deutschland, Österreich und Italien.

Letztes Märchen Im September 1872 schrieb Andersen sein letztes Märchen, *Was die alte Johanne erzählte*, in dem er noch einmal sein Elternhaus schildert und sich von einer mehrfach in seinem Werk vorkommenden Gestalt verabschiedet, die mit ihm verwandt und doch nicht identisch ist: dem schwachen, zur Resignation neigenden Mann, der seine Liebe nicht zu leben wagt.

Im November 1872 erkrankte Andersen schwer, den Sympto- **Schwere** men nach war es ein Leberleiden. Wie immer protokollierte er **Krankheit** alle Details seiner Beschwerden im Tagebuch und ahnte, dass es diesmal eine Krankheit zum Tode war. Obwohl er zuvor oft von Todessehnsucht gesprochen und ein neues Jahr mit To- desgedanken begonnen hatte, war sein Lebenswille jetzt un- gebrochen. Anfang des Jahres 1873 fühlte er sich trotz anhal- tender Gebrechen und wechselnder Stimmungen so weit ge- nesen, dass er wieder Ausgänge und Ausfahrten wagte und den Beschluss fasste, in der Schweiz eine Molkenkur zu absol- vieren.

Im April machte er sich dann wirklich auf die Reise, begleitet **Letzte Auslands-** von dem jungen Schriftsteller und Literaturhistoriker Nicolai **reise** Bøgh, und mutete sich dabei erstaunliche Belastungen zu. Er trainierte regelrecht, um wieder zu Kräften zu kommen, musste aber den Versuch aufgeben, auch noch zum Comer See zu fahren. Während der Heimreise durch Deutschland wurde sein Befinden von Tag zu Tag schlechter; trotzdem schaffte er es noch auf die Wartburg und schenkte Fritz Reu- ter in Eisenach eine Ausgabe seiner Märchen – das war der letzte Schriftsteller, den er in Deutschland besuchte.

Obwohl Andersen nun häufig gereizt und depressiv gestimmt war, versank er nicht in Lethargie, sondern suchte seelischen Beistand, auch bei dem alten, geliebten Freund Edvard Col- lin, der ihn jetzt aufzumuntern bemüht war. Er nahm Anteil am öffentlichen Leben, erwartete mit Spannung den Ausgang der Parlamentswahlen am 14. 9. 1873 und war enttäuscht, als die liberale »Venstre«-Partei die Mehrheit errang. Er unter- hielt weiter zahlreiche Korrespondenzen, führte Tagebuch, schrieb Gedichte und notierte Ideen. Außerdem fertigte er Scherenschnitte an und schmückte einen großen Wand- schirm mit Collagen aus. Solange es seine Kräfte erlaubten, besuchte er das Theater, zum letzten Mal im Mai 1875. Im Sommer 1874 hielt er sich auf den Gutshöfen Holsteinborg und Bregentved auf, und als er dort erfuhr, dass ihn amerika-

nische Kinder mit Geldspenden auf seine alten Tage unter-
stützen wollten, reagierte er verärgert und gerührt.

In Aufregung versetzte ihn, dass im Dezember 1874 in Dänemark eine Sammlung gestartet wurde, um ihm noch zu Lebzeiten zu einem Denkmal zu verhelfen, was auch kritische
Stimmen hervorrief. An seinem 70. Geburtstag, den die Familie Melchior festlich und pfleglich für ihn ausrichtete, erhielt er die Mitteilung, dass die Geldsumme für dieses Denkmal beisammen sei, und in den folgenden Wochen sah er sich
Denkmalsentwurf   diverse Modelle dafür an. Darunter war eine Skizze des Bild-
von Saabye   hauers August Vilhelm Saabye, über die er sich hellauf em-
pörte, denn »sie erinnert an den alten Sokrates und den jun-

Leben

>>Zu Hause Besuch von Bildhauer Saabye, dem ich diesmal klar und deutlich sagte, daß ich mit seiner Statue von mir nicht zufrieden sei, daß weder er noch irgendein anderer Bildhauer mich kennten und mich beim Lesen gesehen hätten, daß ich dabei niemanden hinter mir duldete und auch keine Kinder auf Rücken, Schoß oder im Schritt zu sitzen hätte; daß meine Märchen ebensosehr für die Älteren wie für die Kinder seien – diese verstünden nur die Staffage und würden erst als gereifte Leute das Ganze sehen und empfinden. Das Naive sei nur ein Teil meiner Märchen, der Humor sei eigentlich das Salz darin.<< (Andersen in einem Tagebucheintrag vom 4. 6. 1875; TB, S. 630 f.)

gen Alkibiades<< (TB, S. 628), was ihn tagelang beschäftigte. Saabye änderte seinen Entwurf: Andersen allein, mit einem Buch in der Hand.

Noch im Mai 1875 dachte er ernsthaft an eine Auslandsreise, um den Winter in Mentone zu verbringen oder wenigstens nach Montreux zu fahren, zusammen mit dem jungen Jonas Collin, vielleicht seiner letzten Liebe. Doch vom 20. 6. an konnte er nicht einmal mehr Tagebuch schreiben, sondern nur noch diktieren. Am 5. 7. diktierte er Dorothea Melchior das fragmentarische Gedicht *Fünen und die Schweiz*, in dem er die Summe seines Lebens zwischen Herkunft und Abkunft zieht und auf das Weiterleben seiner Werke hofft. Unter der Wirkung von Morphin und Chloral dämmerte er viel, liebevoll gepflegt von Dorothea Melchior, und äußerte die Bitte, man möge ihm nach seinem Tod die Pulsadern aufschneiden. Am 4. 8. 1875 schlief er friedlich ein und wurde drei Tage später unter großer öffentlicher Anteilnahme beigesetzt. Zu seinem Universalerben hatte er Edvard Collin bestimmt, dem er neben den Rechten an seinen Werken ein Vermögen von 30 000 Reichstalern hinterließ.

Werk

Hans Christian Andersen gilt heute allgemein als Dichter für Kinder, von dem nur noch seine frühen Märchen lesenswert sind. Er selbst hätte gegen eine solche Reduzierung mit Recht protestiert, denn die Märchen und Geschichten sind nur ein Teil seines Gesamtwerks, und nur ein kleiner Teil davon ist an Kinder adressiert. Obwohl er sie als Publikum liebte, schrieb er vor allem für Erwachsene, auch wenn er sich hinter einer scheinbar kindlichen Naivität versteckte. Er hat in fast allen literarischen Genres eine Vielzahl von Werken unterschiedlicher Qualität verfasst und ihnen manchmal einen höheren Wert beigemessen als den Märchen, mit denen er anfangs keine besonderen Ambitionen verband. Andersen war eine Doppelbegabung und nicht nur literarisch, sondern auch als bildender Künstler tätig, und auf diese weniger bekannte Seite soll im Folgenden ebenfalls hingewiesen werden.

Dramatik

Andersens erste literarische Versuche galten dem Theater, und schon in Odense verfasste er kleinere dramatische und sprachexperimentelle Texte und setzte sie spielerisch um. Mit seinen frühen Tragödien gelang es ihm, trotz ihrer Unreife, die Aufmerksamkeit von Gönnern zu erregen, und 1829 wurde als sein erstes Stück das Vaudeville *Liebe auf dem Nikolai-Turm oder Was sagt das Parterre* aufgeführt. Von den etwa 40 dramatischen Arbeiten und Libretti, darunter Adaptionen und Übersetzungen, die er bis 1864 schrieb, erreichten Lustspiele und Märchenkomödien die höchsten Aufführungsquoten. Mit Ausnahme des Dramas *Der Mulatte*, das nach der Uraufführung 1840 allgemein gelobt wurde, scheiterte er gerade mit solchen Werken, in denen er seine Außenseiterproblematik in dramatische Handlung und rhythmisch-gereimte Sprache umzusetzen versuchte. So wurde sein zweiteiliges Drama *Agnete und der Meermann* (1833) von Freunden wie Kritikern

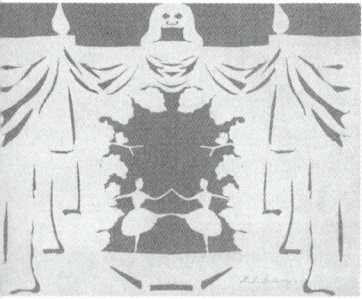

Theaterdekoration. Scherenschnitt von Andersen

Werk

abgelehnt, *Das Maurenmädchen* fiel bei der Premiere 1840 durch, und *Ahasverus* (1847), mehr Versepos als eigentliches Drama, erwies sich als unspielbar und wurde kaum gelesen. Außerhalb Dänemarks vermochte sich Andersen als Dramatiker nicht zu behaupten, und dass das Singspiel *Klein Kirsten* (1846), zu dem er das Libretto geschrieben hatte, am 17. 1. 1856 mit dem Titel *Klein Karin* in Weimar aufgeführt wurde, war vor allem der Musik von J. P. E. Hartmann zu verdanken. Schon seine Zeitgenossen wussten, dass er mehr Erzähler als Dramatiker war.

Agnete und der Meermann
Dramatisches Gedicht in zwei Teilen (1833)

Die im Meer geborene Agnete kann die Liebe des armen Vgl. S. 44 f. Spielmanns Hemming nicht erwidern und folgt dem stärkeren Meermann in die Unterwasserwelt. Nach 50 Jahren verlässt sie ihn und ihre gemeinsamen Kinder und kehrt an Land zurück, doch sie vermag den Konflikt zwischen beiden Welten nicht zu lösen und stirbt daran. Hemming, der sich in der Zwischenzeit Zigeunern angeschlossen hatte, geht schließlich an gutsherrlicher Willkür zugrunde und wird wie ein Vogel vom Baum geschossen. Das Stück wurde erst am 20. 4. 1843 mit Musik von Niels W. Gade uraufgeführt und stieß wie schon die Druckfassung auf allgemeine Ablehnung.

Der Mulatte
Original-romantisches Drama in fünf Akten (1840)

Gräfin Eleonore und ihr Mündel Cecilie geraten auf der Insel Martinique in ein Unwetter und finden Hilfe bei dem welt- Vgl. S. 58 erfahrenen, gebildeten Mulatten Horatio, der bald ihr Vertrauen und ihre Zuneigung gewinnt. Das erregt bei Eleonores Gatten, einem rassistisch-brutalen Plantagenbesitzer, Eifersucht und Rachgier. Zwar kann Horatio am Ende überleben, weil ihn die weiße Gräfin Cecilie heiratet, doch untergründig stellt Andersen diesen Sieg des Guten über das Böse, Macht und Triebe durch einen zweiten Mulatten, einen gejagten, triebhaften Sklaven, in Frage und lässt offen, ob das so gerettete Leben für den edlen Horatio ein glückliches wird.

Kjøbenhavnsposten.

Udgiven af A. P. Liunge.

Nr. 77.   Tirsdagen den 25te September 1827.   1ter Aargang.

Forsendes, ifølge Kongelig allernaadigst Tilladelse, med Posten overalt i Danmark og Hertugdømmerne.

Det døende Barn.	Das sterbende Kind.
	(Aus dem Dänischen, von Ludolph Schley.)

»Das sterbende Kind« in der Zeitung »Kjøbenhavnsposten« vom 25. 9. 1827

Das Stück, am 3. 2. 1840 uraufgeführt und kurz darauf in Buchform erschienen, gilt als Andersens größter Bühnenerfolg zu seinen Lebzeiten.

Lyrik

Auch mit Versen und Reimereien versuchte sich Andersen schon in Kindheit und Jugend, geradezu besessen vom Drang, sich in gebundener Rede auszudrücken, was er in einem gleichnamigen Gedicht seinen *Reimteufel* nannte. Mit dem Gedicht *Das sterbende Kind* erregte er 1827 erstes Aufsehen. Er schrieb im Laufe seines Lebens an die 1000 Gedichte oder gedichtähnliche Texte, von denen ein großer Teil Gelegenheitsdichtung von wechselnder bis geringer Qualität ist. Doch

Vgl. S. 30 f.

Werk

> *Dänemark, mein Vaterland*
> Geboren und daheim bin ich im Norden,
> in Dänemark, wo meine Wurzeln sind.
> So traut ist seine Sprache mir geworden,
> die von der Mutter hörte ich als Kind.
> Wie frisch ist hier der Strand,
> wo zwischen Apfelbäumen
> in ihren Gräbern alte Recken träumen!
> Dich liebe ich! – Mein dänisch Vaterland!
>
> Wo kann der Sommer reicher Blumen streuen
> als hier, an userm offnen Meeresstrand?
> Wo kann der Glanz des Vollmonds mehr erfreuen
> als auf den Wiesen hier in userm Land?
> Wie frisch ist hier der Strand,
> wo unsre Fahnen wehen,
> lass, Gott, das Beste nur für uns geschehen!
> Dich liebe ich! – Mein dänisch Vaterland!
> [...]
> (Andersens Gedicht wurde am 5. 3. 1850
> in der Zeitung *Fædrelandet* abgedruckt.)

ist er in den Ausdrucksformen, mit denen er die verschiedenen Themen seines Lebens zu gestalten sucht, vielseitig, auch originell, vor allem in seinen frühen Gedichtsammlungen. Neben Elegien, die er seinen unglücklichen Lieben widmete, schrieb er humoristische Verserzählungen, Naturgedichte, Gedankenlyrik, Satiren, vaterländische Lieder, Verse für Kinder, Choräle, Epigramme, Stammbuchverse u. a. Von diesem umfangreichen lyrischen Werk sind in Dänemark etwa ein Dutzend Gedichte lebendig geblieben und haben, von namhaften Komponisten vertont, den Rang von Volksliedern erreicht. Andersens *Dänemark, mein Vaterland*, geschrieben 1850 unter dem Eindruck des deutsch-dänischen Krieges, gilt dort heute als inoffizielle, dritte Nationalhymne.

In Deutschland wurde Andersen als Lyriker früh durch die Nachdichtungen von Adelbert von Chamisso eingeführt und mehrfach vertont, so von Robert Schumann, in dessen Opus 40 unter anderem die Lieder *Märzveilchen*, *Muttertraum*, *Der Soldat* und *Der Spielmann* enthalten sind, und Friedrich Silcher. Am bekanntesten wurde *Der Soldat*: »Es geht bei gedämpfter Trommel Klang« – die Klage eines Soldaten, der den einzigen Menschen, den er in der Welt geliebt hat, erschießen muss. Daraus wurde fast ein deutsches Volkslied, das im allgemeinen Verständnis nicht Andersen, sondern Chamisso zugerechnet wird und Aufnahme in diverse Kommersbücher und gar noch in das Liederbuch der Frontsoldaten des Ersten Weltkriegs fand.

»Der Soldat«

Romane

Andersen ließ in seine sechs Romane – auf unterschiedliche Weise – stets eigene Lebenserfahrungen einfließen. Alle seine männlichen Hauptgestalten entstammen wie er der untersten Gesellschaftsschicht und versuchen mehr und weniger erfolgreich den sozialen Aufstieg.

Der Improvisator

Vgl. S. 49 f. In seinem ersten Roman, *Der Improvisator* (1835), der im gleichen Jahr auf Deutsch als *Jugendleben und Träume eines italienischen Dichters* und 1838 mit dem wörtlich übersetzten Originaltitel erschien, ist es ein armer, begabter römischer Knabe, den Wohltäter auf eine Jesuitenschule schicken und der sich nach allerlei Abenteuern und Liebesversuchen in mehreren italienischen Städten mit seinem künstlerischen Talent als Improvisator durchsetzt, heiratet und Gutsbesitzer wird – ein Happyend, das sich weder aus Handlung noch aus Figurenzeichnung erklärt. Der große Erfolg, den Andersen mit seinem Romanerstling in Europa errang, ist wohl vor allem dadurch zu erklären, dass er in diesem Künstlerroman frisch und unmittelbar sein Italienerlebnis wiedergibt.

O. T.

Vgl. S. 43 und S. 50 Otto Thostrup im Roman *O. T.* (1836) ist mit dem Trauma einer entbehrungsreichen Kindheit belastet (zumal ihm als Zeichen seiner Geburt im Zuchthaus von Odense die Buchstaben »O. T.« für »Odense Tugthus« eingebrannt wurden) und mit Baron Vilhelm durch eine wechselhafte, erotisch flirrende Freundschaft verbunden. Trotz gelungener Einzelszenen und Milieubeschreibungen ist die Handlung ziemlich verworren und die Lösung aller Konflikte, Ottos Liaison mit Komtesse Luise, kaum überzeugend.

Nur ein Spielmann

Dem musikalisch begabten Schneidersohn Christian in *Nur ein Spielmann* (1837) ist so ein gutes Ende nicht beschieden. Vgl. S. 18 und S. 53
Der Autor hat mit ihm vieles gemeinsam – Kindheitserlebnisse, bestimmte Charakterzüge und künstlerisches Talent –, doch er gesellt diesem schwachen Helden als Korrektiv die Jüdin Naomi zu, die sich zwar sozial behaupten kann, in ihrer zweifelhaften Ehe jedoch auch kein Glück findet. Diese etwas schillernde Gestalt, deren Zwiespältigkeit und sexuelle Ambivalenz der Autor ebenfalls von sich selber kennt, ist ihm farbiger gelungen als der immer mehr verblassende Christian, der schließlich als armer Dorfmusikant stirbt.

Die zwei Baronessen

Auch die beiden Protagonistinnen des 1848 erschienenen Romans *Die zwei Baronessen* stammen aus kleinen Verhältnissen. Dabei zeichnet sich die alte Baronin Dorothea, die als Kind die Misshandlung ihres Vaters durch einen Gutsherrn mit ansah und niemals vergaß, obwohl sie später selbst in den Adel hinaufheiratete, durch besondere Originalität und Tatkraft aus. Am Ende der mehrsträngigen Handlung mit verschiedenen Schauplätzen heiratet auch die begabte Elisabeth, ein armes Findelkind, einen Baron. Der Autor lässt jedoch nur den Adel des Herzens gelten, und seine versöhnliche Grundthese lautet, dass Liebe alle Standesgrenzen überwindet.

»Nur ein Spielmann«. Gemälde von Wilhelm Marstrand, 1840

Vgl. S. 73

»Sein oder nicht sein«

Vgl. S. 77 f. »*Sein oder nicht sein*« (1857) ist Andersens Versuch, den Widerspruch zwischen Glauben und Wissenschaft, Idealismus und Materialismus in einer Romanhandlung aufzuheben, was ihm nur thesenhaft gelingt: Der Waisenjunge Niels Bryde, in einem protestantischen Pfarrhaus aufgezogen, wendet sich von der Theologie ab und der Naturwissenschaft zu, nimmt als Arzt am ersten deutsch-dänischen Krieg teil und wird in ständigen Diskussionen von der Jüdin Esther schließlich zum Glauben an die Unsterblichkeit und an die Liebe bekehrt. Freilich muss diese tugendhafte und blutarme Protagonistin gleich danach sterben. Bemerkenswert ist in diesem Roman unter anderem Andersens Vorschlag, der dänische Nationalromantiker N. F. S. Grundtvig und der deutsche Schriftsteller Ernst Moritz Arndt sollten den Konflikt zwischen Dänemark und Deutschland allein in einem altnordischen Holmgang austragen, damit sich alle anderen danach um den Hals fallen könnten.

Glücks-Peter

Vgl. S. 85 Ebenfalls sterben muss der Protagonist des 1870 erschienenen Romans *Glücks-Peter*, dem nach einer Kindheit in Armut ein steiler Aufstieg gelingt und der mit einem musikalischen Gesamtkunstwerk à la Wagner nicht nur das Publikum, sondern darüber hinaus die Liebe einer Baronesse gewinnt. Auch in dieser märchenhaften Erzählung sind Details und Nebenfiguren besser gelungen als Handlungsablauf und Komposition.

Andersens Romane, die im 19. Jahrhundert, wie schon erwähnt, in Deutschland ein großes Publikum fanden – besonders *Der Improvisator* und *Nur ein Spielmann* mit dem biographischen Vorspann des Übersetzers Georg Friedrich von Jenssen –, gerieten mehr und mehr in den Schatten seiner Märchendichtung. Sie sind heute vor allem von biographischem Interesse, denn er teilt darin vieles von sich selber mit – auch traumatische Kindheitserlebnisse –, was er in seinen Autobiographien verschweigt.

Reisebücher

Lebendig wirken immer noch Andersens Reisebücher, die von seinen Zeitgenossen unter anderem deshalb gern und viel gelesen wurden, weil er auch über damals weniger bekannte Länder berichtet. In Deutschland, wo sie bald übersetzt vorlagen, erfreuten sie sich nicht der gleichen Beliebtheit wie seine Romane und wurden, so in der Zeitschrift *Die Grenzboten* 1848, wegen ihrer Subjektivität und mangelnden Totalität auch kritisch bedacht. Andersen schildert in diesen Texten nicht nur unmittelbare Eindrücke und Erlebnisse, sondern entwickelt auch eine eigene, offene Form des literarischen Reisebilds, beeinflusst von seinem Landsmann Jens Baggesen und von Heinrich Heine, freilich ohne dessen politische Brisanz. Vom tatsächlichen Verlauf seiner Reisen ausgehend, stellt er das Subjekt des Reisenden in den Vordergrund und spielt, frei vom Zwang zu Fabel und Handlung, mit allen Genres, in einer Mischung aus genauen Beobachtungen und lyrischen Impressionen, Geschichten oder Ansätzen zu Geschichten, eingestreuten Gedichten, kleinen dramatischen Szenen, auch Selbstbekenntnissen und poetologischen Reflexionen.

Schattenbilder von einer Reise in den Harz, die Sächsische Schweiz etc. etc. im Sommer 1831

In seinem ersten Reisebuch, *Schattenbilder von einer Reise in den Harz, die Sächsische Schweiz etc. etc. im Sommer 1831* (1831), geht es ihm um die romantische Natur, die er wie ein Maler zu erfassen sucht, jedoch stets im Zusammenhang mit menschlichem Wirken in Vergangenheit und Gegenwart betrachtet, mit hellwachem Interesse für alles Technische. Kritische Bemerkungen in der ersten Textfassung, die unter anderem auf den preußischen Militarismus zielten, hat er 1854, als das Werk als Band 8 der dänischen Gesamtausgabe erschien, getilgt – ängstlich auf Political Correctness bedacht. Vgl. S. 41

Eines Dichters Basar

Andersens umfangreichstes Reisebuch, *Eines Dichters Basar* (1842), geschrieben nach der großen Reise in den Orient, ist Vgl. S. 62

lesenswert nicht nur wegen der berühmten Darstellung seiner ersten Eisenbahnfahrt von Magdeburg nach Leipzig und eines Konzerts von Franz Liszt in Hamburg, sondern auch wegen der plastischen Schilderung von Ländern und Leuten. In Italien erlebt er den Karneval in Rom und das fröhliche Gewimmel Neapels, und nach einem zwiespältigen Griechenland-Erlebnis lässt er sich im türkischen Kleinasien von orientalischer Farbigkeit, von allem Fremdartigen (auch tanzenden Derwischen) faszinieren. Das Buch wurde in Dänemark ein Erfolg, wie Andersen im *Märchen meines Lebens* vermerkt, obwohl es sein Landsmann M. A. Goldschmidt als zu »unpolitisch« kritisierte.

»Wie ein elektrischer Schlag fuhr's durch den Saal, als Liszt hereintrat, die Mehrzahl der Damen erhob sich, und ein Sonnenglanz verbreitete sich auf jedem Gesicht, so als begrüßten alle Augen einen lieben, teuren Freund. Ich stand ganz in der Nähe des Künstlers, er ist ein magrer junger Mann, das bleiche Gesicht von langem, dunklem Haar gerahmt; er grüßte und setzte sich ans Klavier. Alles in seinem Äußeren und in seiner Beweglichkeit bezeichnet ihn sogleich als eine jener Persönlichkeiten, die allein durch ihre Eigenart schon Aufmerksamkeit wecken; die Hand des Göttlichen hat ihnen einen besonderen Stempel aufgedrückt, der sie unter Tausenden kenntlich macht. Wie Liszt da vor dem Pianoforte saß, wirkte seine Persönlichkeit, dieser Ausdruck starker Leidenschaften in dem bleichen Gesicht, auf mich zuallererst dämonisch. Er schien an das Instrument genagelt, aus dem die Töne strömten, sie kamen aus seinem Blut, aus seinen Gedanken; er war ein Dämon, der seine Seele freispielen mußte, er wurde gefoltert, das Blut floß, die Nerven bebten. Wie er aber weiterspielte, schwand das Dämonische, ich sah, wie sein bleiches Gesicht einen edleren, schöneren Ausdruck annahm, die göttliche Seele leuchtete ihm aus den Augen, aus jedem Zug, er wurde schön, so wie nur Geist und Begeisterung es bewirken können.« (Hans Christian Andersen, *Eines Dichters Basar*; Andersen 1984, S. 17)

Werk

In Schweden

Das im Umfang eher bescheidene Reisebuch *In Schweden* Vgl. S. 74
(1851) – und nicht einen der bis dahin erschienenen Romane
und Märchenbände – bezeichnet Andersen im *Märchen meines Lebens* als sein »gewiss am meisten durchgearbeitetes
Buch« (MLE 2, S. 104) und gibt dafür die Begründung: »[…]
ich darf wohl annehmen, dass sich hier mehr als in irgend-
einer anderen meiner Arbeiten das bei mir Eigentümliche of-
fenbart: Naturschilderungen, das Märchenhafte, Humor und
Lyrik, wie diese sich in Prosa ausdrücken lässt.« (MLE 2,
S. 104) Während er andere Reisebücher sehr schnell und unmittelbar niederschrieb, arbeitete er an diesem Text verhältnismäßig lange. Es geht ihm darin nicht nur um die land-
schaftlichen Reize des Nachbarlandes – die Wasserfälle von
Trollhätta, den imposanten Dalälv, Schären, Wälder und
Seen –, sondern auch um historische Zusammenhänge und
gegenwartige Zustände; so berichtet er von einem Besuch in
einem Zellengefängnis. Neuerungen in Naturwissenschaft
und Technik inspirieren ihn zu einer eigenen Poetik, doch
fügt er in die zwanglose Folge der Kapitel auch Märchenhaf-
tes, Sagen und Geschichten ein.

Ein Besuch bei Charles Dickens

In dem ursprünglich als Artikelserie für die Zeitung *Berlingske
Tidende* konzipierten Text *Ein Besuch bei Charles Dickens*
(1860) spielt, neben der Familie des Gastgebers, die neue
Technik ebenfalls eine große Rolle. Andersen schildert unter
anderem die Besichtigung der Druckerei der *Times* als großes
Erlebnis, doch auch seine Betroffenheit, als er von einem
Eisenbahnunglück erfährt. Obwohl er seine Beziehung zu
Dickens als herzliche, stets ungetrübte Freundschaft darstellt,
war der von seinem anstrengenden, hypochondrischen Gast
durchaus nicht begeistert und soll später eine Karte über des-
sen Frisierkommode angebracht haben mit der Aufschrift:
»Hans Christian Andersen schlief in diesem Zimmer fünf
Wochen – der Familie erschien es wie eine EWIGKEIT!« (zit. n.
Bredsdorff 1980, S. 250)

In Spanien

Vgl. S. 81 Das Buch *In Spanien* (1863) eröffnet Andersen mit einer Lo-
beshymne auf die Eisenbahn, weil erst mit diesem bequemen
Verkehrsmittel die Reisepoesie für ihn beginnt. Er schildert
zahlreiche landschaftliche und architektonische Sehenswürdigkeiten, auch Stierkämpfe und die diversen Strapazen, die
er bei dieser ausgedehnten Reise auf sich nahm. Obwohl ihn
die maurischen Paläste Granadas beeindrucken, sucht er die
Muse seiner Dichtung nicht dort, sondern im Armenviertel
bei den Zigeunern. Der Ausflug von Gibraltar zum marokka-
nischen Tanger gerät ihm zum literarischen Höhepunkt: Hier
genießt er das bunte Menschengewimmel, Natur und Landschaft und kann einem arabischen Märchenerzähler lauschen.

Ein Besuch in Portugal 1866

Vgl. S. 83 In seinem letzten Reisebuch, *Ein Besuch in Portugal 1866*
(1868), ist Andersen, behütet und umsorgt von Freunden, vor
allem mit seinen Befindlichkeiten und Ängsten beschäftigt,
doch blitzt gelegentlich, wie im malerischen Sintra, noch die
Entdeckerfreude seiner Jugend auf, wenn er über dem Neuen
sich selbst vergisst.

Außerdem hat Andersen mehrere kleinere Reiseskizzen über
in- und ausländische Lokalitäten verfasst, mit vorwiegend
journalistischem Charakter.

Alcantaratal.
Zeichnung von
Andersen, 1866

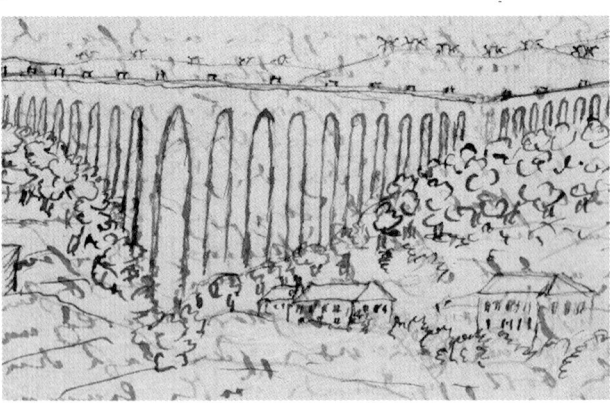

Fiktionale Zwischenformen

Fußreise von Holmens Kanal zur Ostspitze von Amager
in den Jahren 1828 und 1829

Eine Reise unternimmt der Ich-Erzähler auch in Andersens Prosadebüt *Fußreise von Holmens Kanal zur Ostspitze von Amager in den Jahren 1828 und 1829* (1829), real nur von wenigen Kilometern, mit umso größeren Dimensionen in der Phantasie. Andersen bezeichnet dieses frühe Werk, in dem bereits Grundlinien und Motive seiner späteren Dichtung aufscheinen, im *Märchen meines Lebens* als »ein humoristisches, seltsames Buch, eine Art phantastischer Arabeske, das jedoch meine ganze Persönlichkeit und meinen damaligen Standpunkt andeutet, der sich insbesondere in der Lust äußert, mit allem zu spielen, unter Tränen meine eigenen Gefühle zu verspotten; bunt abwechselnd, eine ganze Tapete, war diese dichterische Improvisation« (MLE 1, S. 101 f.). Beeinflusst von E. T. A. Hoffmann, Chamisso u. a. brennt der Dreiundzwanzigjährige ohne Rücksicht auf formale Regeln und Genregrenzen ein ganzes Feuerwerk von Einfällen, Zitaten und Parodien ab, das manchmal allzu schnell verpufft. Vom Satan auf den Weg geschickt, erlebt der junge Protagonist in der Sil-

Vgl. S. 34

»Ich sah viel deutlicher als die spanischen Zuheri, die, wie man weiß, direkt in die Erde schauen und Leichen und verborgene Schätze entdecken konnten – ich sah durch die Erde hindurch, ja, ich erkannte die Bäuche der Walfische in der Südsee. Der ganze Erdball kam mir wie eine große, durchsichtige Glaskugel vor. Seltsam wanden sich die hellen Metalladern durch den ungeheuren Körper, das Wasser brauste in selbstgebildeten Kanälen, und große, glühende Lavaströme flossen vom Ätna zur Hekla und von dieser wiederum zu Amerikas feuerspeienden Bergen. [...] Je länger ich darauf starrte, um so mehr Gegenstände entdeckte ich, um so deutlicher zeigte sich alles. – In der Mitte der Erde war ein großes Flammenmeer, in dem sich eine wohlgebaute und bewohnte Insel befand. Das war natürlich die Hölle.« (Hans Christian Andersen, *Fußreise von Holmens Kanal zur Ostspitze von Amager in den Jahren 1828 und 1829*; FR, S. 103)

vesternacht die phantastischsten Abenteuer zwischen Sirius, Unterwasserwelt und Hölle. Gleich zu Beginn seiner Wanderung muss er zwischen zwei weiblichen Wesen wählen: die eine mit dem soliden Brotkorb handfester Gelehrsamkeit, die andere mit nichts weiter als dem bunten Flug der Phantasie. Als er auf ihren Spuren bis in den Tempel der Poesie gelangt, wird er grausam in die Realität zurückgeholt, in einen Vogelbauer gesperrt und verprügelt.

Unter der Oberfläche von Ironie und Selbstironie geht es dem Autor um die eigene Identität, die verschiedenen Seiten seiner Persönlichkeit, die in Gestalt mehrerer Doppelgänger auftreten, und gegen Ende gibt er ein erstes Bekenntnis zur Märchendichtung ab: »Wenn sich unsere Seele mit all ihren Gefühlen und Ideen lebendig auf dem Papier abdrucken könnte, dann würde man das wundersamste Märchen bekommen, das jemals gelesen wurde.« (FR, S. 133)

Die *Fußreise*, 1846 mit dem Titel *Abenteuer und Mährchen einer Neujahrsnacht auf einer Fußreise nach Amack* erstmals ins Deutsche übersetzt, gehört zu Andersens originellsten und phantasievollsten Büchern, erreichte jedoch nie die Popularität der Märchen, auch nicht die zeitweilige der Romane und wurde lange Zeit unterschätzt.

Bilderbuch ohne Bilder

Vgl. S. 58 Auch das 1839 erstmals erschienene und 1845 und 1854 jeweils erweiterte *Bilderbuch ohne Bilder* entzieht sich einer Rubrizierung. Andersen selbst hat die Bezeichnung »Arabeske« bevorzugt, auch »Gedichtsammlung in Prosa« dafür benutzt. Er lässt darin den Mond als Rahmenerzähler fungieren, der an 33 Abenden (einmal nur indirekt) einen armen Burschen mit seinen Seh-Erlebnissen, mit Geschichten, Impressionen und Anekdoten unterhält und mit ihm imaginierte und reale Reisen unternimmt, unter anderem nach Indien, Frankreich, Schweden, Grönland, Italien, Afrika und China. Dabei ist die literarische Qualität der einzelnen Texte unterschiedlich, neben Banalem und Sentimentalem gibt es Bilder von großer Eindringlichkeit, so die Schilderung auswandernder Bauernfamilien in der kargen Landschaft der Lüneburger Heide.

Werk

Märchen und Geschichten

Andersen kam gewissermaßen auf einem Seitenweg und anfangs ohne besonderen Ehrgeiz zur Märchendichtung. Motive, Ansätze und Vorformen von Märchen tauchen schon in seinen früheren Werken auf, so in der *Fußreise*, den *Schattenbildern* und der Sammlung *Gedichte* von 1830, die unter dem Titel *Der Tote* die erste Fassung des späteren Märchens *Der Reisekamerad* enthält. Märchen und andere Produkte der Volksliteratur und des Volksglaubens hatte er als Kind in Odense gehört, sie waren ihm in einer Form erzählt worden, wie sie zu Beginn des 19. Jahrhunderts in den unteren Gesellschaftsschichten von Odense noch lebendig war. Obwohl er eine Laufbahn als Dramatiker, Lyriker und Romancier vor Augen hatte, fühlte er sich dieser Tradition ganz selbstverständlich zugehörig. Als junger Mann pflegte er die Kinder befreundeter Bürgerfamilien mit erinnerten und erfundenen Geschichten zu unterhalten, und wie Edvard Collin später berichtete, waren sie davon hellauf begeistert. Andersen erzählte Märchen, bevor er sie schrieb, und fand damit zu seinem besonderen, von Mündlichkeit geprägten Stil, in Augenhöhe mit seinem Publikum, zu dem er von Anfang an auch Erwachsene zählte.

Seine 156 kanonischen Märchen und Geschichten, zu denen neun nachgelassene und diverse andere Texte mit phantastisch-märchenhaftem Charakter kommen, bilden keine homogene Masse und passen auch nicht in eine definitorische Schublade, wie sie durch die *Kinder- und Hausmärchen* der Brüder Grimm vorgegeben scheint. Später verwandte er auch den Begriff »Geschichten«, ohne ihn jemals messerscharf abzugrenzen. Vgl. S. 74 f.

Von den vier Märchen, die Andersen 1835 in seinem ersten Vgl. S. 50 Heft *Märchen, für Kinder erzählt* veröffentlichte, gehen drei auf mündlich oder schriftlich überlieferte Volksmärchen zu- **Einfluss von** rück: *Das Feuerzeug, Der Kleine Klaus und der Große Klaus* **Volksmärchen** und *Die Prinzessin auf der Erbse*. Obwohl er sich an den vorgegebenen Handlungsverlauf hält, wie er ihn im Ohr oder sich angelesen hatte, sind es doch keine Nacherzählungen, sondern eigenständige Texte eines Autors, der in der tradierten Phantasiewelt so zu Hause ist, dass er selbständig damit schalten und walten kann.

Das Feuerzeug

(1835, Eventyr, fortalte for Børn I:1 – Märchen, für Kinder erzählt)

Ein entlassener Soldat begegnet auf der Landstraße einer alten Hexe, die ihm viel Geld aus der Tiefe eines Baums verheißt und für sich selbst nur um ein darin vergessenes Feuerzeug bittet. Er holt tatsächlich große Reichtümer herauf, schlägt dann die Hexe tot und lernt die magischen Kräfte des Feuerzeugs in Gestalt von drei Hunden, mit Augen so groß wie Teetassen, wie Mühlräder, wie der Runde Turm von Kopenhagen, für sich zu nutzen. Als er bei dem Versuch, die schöne Königstochter des Landes zu gewinnen, in Lebensgefahr gerät, erretten ihn die Hunde vor dem Galgen und befördern Richter, Rat, König und Königin rabiat ins Jenseits, so dass er selbst König werden kann.

Das Märchen ist vom gleichen Typ wie *Das blaue Licht* in der Sammlung der Brüder Grimm, doch Andersen gibt dem namenlosen Helden, dessen Armut er aus eigener Erfahrung kennt und dem kein schwarzes Männchen wie bei den Grimms, sondern riesige Hunde beistehen, eine besondere Physiognomie und eine individuelle, humorvolle Sprache.

Dass Märchen, die ursprünglich nicht zur Unterhaltung von Kindern erzählt wurden, auch Grausames und Derb-Drastisches enthalten, schreckte Andersen nicht ab. Wenn es um den Sieg des Guten geht, darf auch gemordet werden, wie im Märchen *Der Kleine Klaus und der Große Klaus*, das auf ein in mehreren Versionen durch die Jahrhunderte überliefertes Schwankmärchen zurückgeht.

Der Kleine Klaus und der Große Klaus

(1835, Eventyr, fortalte for Børn, I:1 – Märchen, für Kinder erzählt)

Der reiche Große Klaus lässt den armen Kleinen Klaus sechs Tage in der Woche für sich arbeiten und erschlägt dann dessen einziges Pferd. Aber der Kleine weiß sich in seiner Not Rat, er verkauft einem gehörnten Ehemann die Haut seines

Werk

»Mährchen für
Kinder von
H. C. Andersen«,
illustriert mit
Radierungen von
G. Osterwald,
Braunschweig
1838

Pferdes, lässt sich auch vom ertappten Liebhaber bezahlen
und erpresst mit seiner toten Großmutter von einem Gastwirt
einen Scheffel Geld. Der Große, neidisch auf so viel Reichtum, erschlägt nun alle seine Pferde und die eigene Großmutter, was ihm jedoch keinen Lohn einbringt. Als er versucht,
den Kleinen Klaus zu ertränken, wird er abermals überlistet
und bekommt seine harte und gerechte Strafe.

Dieses Märchen, wie *Das Feuerzeug* in Andersens erstem Heft *Märchen, für Kinder erzählt* veröffentlicht, fand in Dänemark nur eine verhalten-kritische Resonanz. Auch in Deutschland, wo beide Märchen 1839 in der Sammlung *Mährchen und Erzählungen für Kinder von H. C. Andersen*, übersetzt von G. F. von Jenssen, erschienen, gab es nur wenige Rezensionen, in denen sich Lob und Tadel mischten.

Andere Einflüsse

Ebenfalls auf Volksmärchen basieren *Der Reisekamerad* (1835), *Die wilden Schwäne* (1838), *Der Schweinehirt* (1841) und *Tölpel-Hans* (1855). Auch Kunstmärchen und anderen Quellen entnahm Andersen zahlreiche Motive und stoffliche Anregungen – *Der Schatten* (1847) wurde unter anderem von Chamissos *Peter Schlemihls wundersame Geschichte* und *Die kleine Meerfrau* von Fouqués *Undine* inspiriert.

Schon in Andersens erstem Märchenheft findet sich ein von ihm selbst erdachtes Märchen, *Die Blumen der kleinen Ida*, das er zuerst der Tochter von Just Mathias Thiele erzählt hatte, und in der Folgezeit ging er immer mehr seine eignen Wege. Obwohl er von einer heilen Welt träumte, in der wie im Volksmärchen das Gute über das Böse siegt, ist seine Märchenwelt durchaus nicht heil, sondern, wie er selbst, von Widersprüchen und Brüchen geprägt. Viele seiner Protagonistinnen und Protagonisten finden ihr Glück gar nicht oder erst im Tod: die kleine Meerfrau, das Gänseblümchen, der standhafte Zinnsoldat, der Tannenbaum, das kleine Mädchen mit den Schwefelhölzchen, der Herr des Schattens, Knud unter dem Weidenbaum, die alte Waschfrau, der kühne Gebirgsjäger, der Student mit den Zahnschmerzen. Der scheinbaren Kindlichkeit und Naivität – Prädikate, die Andersen seit Biedermeierzeiten noch immer anhängen – ist nicht zu trauen. Wenn er in *Des Kaisers neue Kleider* (1837) ein kleines Kind sagen lässt, was alle sehen und nicht auszusprechen wagen, ist das weniger ein Lob auf die Unschuld des Kindes als Kritik an einer Welt von angepassten, heuchelnden Erwachsenen. Andersens hintergründiger Humor kann sich mit Sarkasmus und Ironie verbinden, und unter der harmlosen Oberfläche lauern Dämonen.

Die kleine Meerfrau

(1837, Eventyr, fortalte for Børn I:1-3 – Märchen, für Kinder erzählt)   Vgl. S. 52 f.

Die jüngste Tochter des Meerkönigs sehnt sich nach der Menschenwelt über dem Wasser. Als sie sich zum ersten Mal über den Meeresspiegel erheben darf, erblickt sie auf einem Schiff einen Prinzen, dem sie bei einem Unwetter das Leben rettet und in den sie sich verliebt. Um ihn und eine unsterbliche Seele zu gewinnen, nimmt sie große Gefahren und Schmerzen auf sich, und um eine Menschenfrau zu werden, opfert sie der Meerhexe Zunge und Stimme. So kann sie dem Prinzen zwar gefallen, der aber zieht eine Prinzessin vor. Damit hat die Meerfrau Leben und unsterbliche Seele verwirkt, und ihre letzte Chance, nämlich den Prinzen umzubringen und in die Unterwasserwelt zurückzukehren, schlägt sie aus und stürzt sich am Morgen seiner Hochzeit ins Meer. Doch anstatt sich in kalten Schaum aufzulösen, wird sie von den Töchtern der Luft aufgenommen und kann sich nun durch gute Taten selbst eine unsterbliche Seele schaffen.

Obwohl Andersen das Märchen als eigene Erfindung bezeichnet hat, war er nicht nur durch Fouqués *Undine*, sondern auch von anderen Märchen beeinflusst. Wie schon erwähnt, arbeitete er darin eigene unglückliche Liebeserfahrungen ab und versuchte, eine übergreifende Lösung zu finden.

> »Ich habe es nicht wie de la Motte Fouqué in *Undine* von einem fremden Wesen, der Liebe eines Menschen abhängig gemacht, ob die Meerfrau eine unsterbliche Seele erwirbt. Das ist bestimmt verkehrt! Das wäre ja etwas Zufälliges, und derlei will ich in dieser Welt nicht annehmen. Ich habe die Meerfrau einen natürlicheren, göttlicheren Weg gehen lassen.« (Andersen in einem Brief vom 11. 2. 1837 an B. S. Ingemann; B & B 1, S. 369)

In Dänemark wurde das Märchen sowohl von Zeitungskritik als auch von Freunden und Bekannten des Autors mit Lob bedacht, in Deutschland erschien es 1839 in der ersten deutschen Auswahl von Andersen-Märchen, die nur wenig Resonanz fand.

Die kleine Meerfrau, so die wörtliche Entsprechung des Originaltitels, im Deutschen auch *Die kleine Meerjungfrau, Die kleine Seejungfrau, Das kleine Meerweib* u. ä. betitelt, erfreut sich heute großer Beliebtheit und wurde vielfach adaptiert.

Des Kaisers neue Kleider

(1837, Eventyr, fortalte for Børn II: 1-3 – Märchen, für Kinder erzählt)

Vgl. S. 53 Zu einem Kaiser, der so eitel ist, dass er für seine Garderobe das Regieren und alles andere vergisst, kommen zwei Betrüger und behaupten, sie könnten einen Stoff weben, der die wunderbare Eigenschaft besitzt, »für jeden Menschen unsichtbar zu sein, der für sein Amt nicht taugte oder dümmer war als erlaubt« (MuG 1, S. 96). Der Kaiser nimmt sie in Dienst, gibt ihnen reichlich Geld, schickt dann aber zwei brave Beamte aus, um den Fortgang der Arbeit zu überprüfen. Nachdem sie, um nicht für dumm zu gelten, den Stoff in höchsten Tönen gepriesen haben, erklärt auch er sich davon entzückt und will die neuen Kleider daraus bei einer großen Prozession öffentlich vorführen. Sein Hofstaat und die Leute auf der Straße jubeln ihm begeistert zu, und erst als ein kleines Kind die Wahrheit sagt, wagt endlich das ganze Volk zu rufen: »Aber er hat ja nichts an!« (MuG 1, S. 100)

»Des Kaisers neue Kleider«. Zeichnung von Vilhelm Pedersen, 1848

Andersen führt als Quelle Don Juan Manuels Sammlung *El Conde Lucanor* an, von der eine Novelle 1836 auf Deutsch mit dem Titel *So ist der Lauf der Welt* erschienen war. Darin kann den wunderbaren Stoff jedoch nur sehen, wer legitimer Herkunft ist. Obwohl eins von seinen besten und auswirkungsreichsten Märchen, wurde *Des Kaisers neue Kleider* 1837 bei Erscheinen in Dänemark und 1839 in Deutschland kaum beachtet.

Vgl. S. 125

Andersen kann aber auch so moralisierend, rühr- und tränenselig sein, dass manche seiner Texte durchs Sieb der Zeit gefallen sind. Dass sich *Der Engel* (1843) – ein allegorisches Märchen, in dem sich ein armer kranker Junge, der eine Feldblume liebt, nach seinem Tod in einen Engel verwandelt – mitsamt der kon-sentimentalen Illustration des Malers Wilhelm von Kaulbach einst einer ungeheuren Popularität in ganz Europa erfreute, ist heute kaum vorstellbar – oder etwa doch?

Die fruchtbarste Periode in seiner Märchendichtung waren die Jahre nach 1840, als er in schneller Folge und nicht mehr für Kinder die wichtigsten seiner selbst erfundenen Märchen schrieb, darunter *Die Nachtigall* (1843), *Das Liebespärchen* (1843), *Das hässliche Entlein* (1843), *Der Tannenbaum* (1844), *Die Schneekönigin* (1844), *Die Hirtin und der Schornsteinfeger* (1845), *Die Glocke* (1845), *Der Schatten* (1847).

Das hässliche Entlein gilt als sein am stärksten autobiographisch angelegtes Märchen, obwohl er auch anderen Märchengestalten Züge von sich selbst verliehen hat – der Prinzessin auf der Erbse seine Überempfindlichkeit, dem nackten Kaiser seine Eitelkeit, dem standhaften Zinnsoldaten seine mangelnde Männlichkeit.

Der standhafte Zinnsoldat
(1838, Eventyr, fortalte for Børn II:1 – Märchen, für Kinder erzählt)
Ein Zinnsoldat, der beim Gießen nur ein Bein abbekommen hat, verliebt sich heftig in eine Tänzerin aus Papier, die ihm etwas vornehm erscheint, weil sie in einem Papierschloss wohnt. Das missfällt einem Troll, weshalb er (oder der Zug-

wind) dafür sorgt, dass der einbeinige Soldat auf die Straße stürzt, wo ihn zwei Jungen in ein Papierschiff setzen. Damit unternimmt er eine gefahrvolle Reise durch Rinnstein und Kanal und wird schließlich von einem Fisch gefressen, der wiederum gefangen wird und in der Küche jenes Hauses landet, aus dem es den Soldaten geweht hat. Aber das Wiedersehen mit der Tänzerin wird nicht glücklich – beide enden im Kachelofen, er zu einem kleinen Zinnherzen geschmolzen, während von ihr nur eine kohlrabenschwarz gebrannte Paillette übrig bleibt.

Dieses später berühmte Märchen fand bei Erscheinen, wie das ganze 1838 publizierte Heft *Märchen, für Kinder erzählt*, kaum Beachtung. Andersens Dichter-Freund Ingemann war der Ansicht, es sei wegen seines ironischen Humors à la E. T. A. Hoffmann für Kinder wenig geeignet. Eine deutsche Übersetzung von A. Graf Baudissin 1841 hat den ausdrücklichen Untertitel *Kein Kindermärchen*.

Das hässliche Entlein
(1843, Nye Eventyr I:1 – Neue Märchen)

Auf einem Entenhof schlüpft aus einem ungewöhnlich großen Ei ein ungewöhnlich großes und hässliches Entlein. Es wird von Anfang an gehänselt und gequält und läuft schließlich davon. Auf einem Bauernhof wird es zur Probe angenommen, doch weil es weder Eier legen noch wie ein Kater einen Buckel machen und Funken sprühen kann, fühlt es sich auch hier fremd und unverstanden. Viele Qualen muss es noch durchleiden, und als es endlich Frühling wird, bittet es drei vorüberfliegende Schwäne um den Tod. Da erst entdeckt es, dass es selbst ein Schwan geworden ist, noch dazu der schönste von allen, und freut sich über sein Glück.

> »Es macht nichts, daß man im Entenhof geboren wurde, wenn man nur in einem Schwanenei gelegen hat!« (Hans Christian Andersen, *Das häßliche Entlein*; MuG 1, S. 181)

Andersen hat das Märchen 1869 in einem Brief an Georg Brandes als »Abspiegelung« seines Lebens bezeichnet. Es wurde nach Erscheinen von der dänischen Kritik allgemein gelobt, mehrere von Andersens persönlichen Bekannten wie B. S. Ingemann, Fredrika Bremer und Jenny Lind waren be-

Werk

geistert. Dagegen war die Aufnahme in Deutschland, wo es 1844 in der Sammlung *Neue Mährchen* erschien, kühler – es wurde als zu »gemacht« (*Literarische Zeitung*, 9. 10. 1844) und zu allegorisch gerügt.

Im Entenhof des Jahres 1861 geht es freilich anders zu: Dem armen Singvogel, der auf der Flucht vor der Katze unter die Enten und Hühner gerät und die Bezeichnung »Spielwerk« bekommt, wird am Ende der Kopf abgebissen. Auch andere Wesen, die Aufbruch und Aufstieg wagen, scheitern in der Realität. *Der Tannenbaum*, nur ein Jahr nach dem *Hässlichen Entlein* geschrieben, verlässt seine vertraute Welt und erlebt am Weihnachtsabend sein größtes Glück, um danach vergessen und verbrannt zu werden. Der kleinen Meerfrau gelingt es nicht, die Liebe des Prinzen zu gewinnen, und die Kröte des gleichnamigen Märchens (1866) kann zwar aus dem tiefen Brunnen und dann immer weiter und höher steigen, wird aber schließlich vom Storch gefressen, obwohl sie einen Edelstein in ihrem Kopf hat.

> »›Jetzt wollen wir daran denken, daß wir etwas in den Bauch bekommen!‹ sagte der Enterich. ›Das ist wichtiger! Wenn von den Spielwerken eins kaputtgeht, dann haben wir immer noch genug!‹«
> (Hans Christian Andersen, *Im Entenhof*; MuG 2, S. 154)

Wie Andersen Themen und Stoffe variiert und mit unterschiedlichen Aussagen versieht, wobei er im Laufe der Jahre stärker zu Desillusionierung und Disharmonisierung neigt, zeigt ein Vergleich der umfangreichen Märchentexte *Die Schneekönigin* (1844) und *Die Eisjungfrau* (1861). Beide haben das Grundmotiv der gefährlichen Herrscherin der Kälte, der tötenden Naturgewalt, das Andersen aus dem Volksglauben kannte und schon 1829 in einem Gedicht benutzt hatte. Während es in dem früheren Text der kleinen Gerda gelingt, ihren Freund Kay aus der Verstandes-Verzauberung zu befreien, ist der spätere Text nicht mehr als eindeutiger Sieg des Guten über das Böse zu verstehen und lässt sich über weite Strecken als ein reales Geschehen und als die Geschichte einer verhinderten Mesalliance lesen, psychologisch motiviert und im Historischen verankert.

Die Schneekönigin
(1844, Nye Eventyr I:1 – Neue Märchen)

Die Nachbarskinder Kay und Gerda spielen friedlich zusammen, bis Kay von den Splittern eines teuflischen Troll-Spiegels getroffen wird, der die Eigenschaft besitzt, alles Gute und Schöne ins Gegenteil zu verkehren. Er muss mit seinem Schlitten der Schneekönigin folgen, die ihn mit ihrem Kuss verführt und betäubt. Selbst fast erstarrt, ist er in ihrem Schloss nur mit dem Eisspiel des Verstandes beschäftigt, ohne doch das Wort »Ewigkeit« schreiben zu können, das ihn befreit hätte. Gerda besteht auf der Suche nach ihm gefährliche Abenteuer: Eine zauberkundige Frau will sie bei sich behalten, Prinz und Prinzessin können ihr zwar nicht helfen, statten sie aber mit warmer Kleidung und einer vornehmen Kutsche aus. Damit fällt Gerda Räubern in die Hände, ein kleines Räubermädchen rettet

»Die Schneekönigin«. Illustration von Ruth Koser-Michaels, 1938

ihr das Leben und schickt sie mit einem Rentier nach Lappland, wo Gerda von einer Finnin den Weg zum Eisschloss gewiesen bekommt und sich mit dem Vaterunser gegen Schnee und Kälte wehrt. Mit ihren Tränen bringt sie das Eis in Kays Brust zum Schmelzen, und als der sich den Spiegelsplitter aus dem Auge weint, kann er mit Gerda das Schloss der Schneekönigin verlassen. Beide kehren glücklich heim und sind in der Zwischenzeit erwachsen geworden.

Dieses »Märchen in sieben Geschichten« fand in Dänemark erst einmal wenig Resonanz und wurde kritisiert, weil es für Kinder nicht geeignet sei. In Deutschland, wo es 1846 in der Sammlung *Neue Märchen* mit Illustrationen von Otto Speckter erschien, wurde ihm, neben Lobendem, fehlende »Naivität und Naturwahrheit« nachgesagt.

Die Eisjungfrau
(1861, Nye Eventyr og Historier II:2 – Neue Märchen und Geschichten)

Der junge, wagemutige Gebirgsjäger Rudy, dessen Mutter in

einer Gletscherspalte ums Leben kam und der auch seinen Vater früh verlor, kann dem Trauma dieser Kindheitserfahrung nicht entkommen, obwohl er sich, schwindelfrei und geschickt, gegen alles Dämonische wehrt. Um die reiche Müllerstochter Babette zu gewinnen, holt er ein Adlerjunges aus einem schier unerreichbaren Nest. Doch schon kurz nach der Verlobung flirtet Babette mit einem gebildeten Engländer, und als der eifersüchtige Rudy nun der Eisjungfrau in Gestalt eines jungen Mädchens begegnet, trinkt er von ihrem Wein, wird von ihr geküsst und gerät in ihren Bann. Er söhnt sich zwar mit seiner Verlobten aus, kann aber der mächtigen Eisjungfrau nicht entkommen und verunglückt am Tag vor der Hochzeit tödlich. Andersen gibt den guten Naturkräften das letzte Wort, damit »das Beste« geschehe, doch was damit eigentlich gemeint ist, bleibt offen, und diese mehrfach und auch in Hinblick auf seine Sexualität ausdeutbare Geschichte lässt sich ebenso als Menetekel für eine nachfolgende übertechnisierte Zeit verstehen.

Ursprünglich hatte Andersen, angeregt durch den bayerischen Volksdichter Franz von Kobell, nur eine Erzählung *Das Adlernest* schreiben wollen, hat dann aber den Text, in dem er auch Reiseerlebnisse aus der Schweiz verarbeitete, verändert und erweitert. Die dänische Kritik nahm ihn freundlich auf und lobte auch seine Landschaftsschilderungen. In Deutschland erschien er 1862 in der Sammlung *Neue Märchen und Geschichten* und gewann, nach Andersens Aussage, ein großes Publikum, ohne jedoch den Beliebtheitsgrad anderer Märchen zu erreichen.

In dem allegorisch aufgeladenen Märchen *Die Glocke* (1845) versucht Andersen die sozialen Widersprüche zu harmonisieren: Ein Königssohn und ein armer Junge in Holzschuhen machen sich, jeder in einer anderen Richtung, auf den Weg, um eine Glocke mit wundersamem Klang zu suchen, und finden sie dann gemeinsam »in der großen Kirche von Natur und Poesie« (MuG 2, S. 12). Dass dieser Schluss ein abstrakter Wunschtraum war, muss dem Autor klar gewesen sein, nicht nur, weil Glocken in seinem Werk auch mit ganz anderem Be-

deutungswert vorkommen: Im Roman *Nur ein Spielmann*
wird der Junge Christian von einer sexuell bedrohlichen Glocke fast erschlagen, und in dem Märchen *Die Glockentiefe*
(1857), das auf einer Volkssage beruht, stürzt sich die alte Glocke, der all das, was der Wind ihr vom Geschehen der Welt
zuträgt, zu viel wird, in den Fluss, um dem Wassermann Gesellschaft zu leisten.

1847, zwei Jahre nach dem romantisch-idealisierenden *Glocken*-Text, veröffentlicht Andersen das gnadenlos desillusio-
nierende Märchen *Der Schatten*, in dem es nicht mehr um
Harmonisierung und um den romantischen Aladdin-Typ,
sondern um einen skrupellosen und verdächtig modernen
Aufsteiger geht, den eignen bösen Geist.

Der Schatten
(1847, Nye Eventyr II:1 – Neue Märchen)

Vgl. S. 70 Ein junger Gelehrter aus den kalten Ländern, der im Süden
unter der Tageshitze leidet, hört abends aus dem Haus gegenüber wunderbare Musik und glaubt, dort einen herrlichen
Glanz und eine liebliche Jungfrau zu erblicken. Anstatt das
Geheimnis selber zu ergründen, schickt er seinen Schatten,
sein Alter Ego, aus. Der kehrt erst nach vielen Jahren zu ihm
zurück und berichtet, er sei tatsächlich bei der Poesie gewesen,
allerdings nur in ihrem Vorgemach, und sei dadurch ein
Mensch geworden. Und er ist in der Zwischenzeit reich geworden, denn während sich kaum jemand für die Bücher
interessierte, die der Gelehrte über das Wahre, Gute und
Schöne schrieb, sah der Schatten mehr als sein Herr, nämlich
»was kein Mensch wissen dürfte, was sie aber alle so gern wissen möchten, das Böse beim Nachbarn« (MuG 1, S. 266).
Nach anfänglichem Zögern begleitet der kranke Gelehrte seinen immer stärker werdenden Schatten auf eine Reise in ein
Bad, wobei er selbst mehr und mehr zum Diener wird und er-
tragen muss, dass ihm sein neuer Herr die Bitte um das Du
(mit den Worten Edvard Collins) hochmütig abschlägt, jedoch seine Hilfe bei der Werbung um die allzu scharf sehende
Prinzessin beansprucht. Als der Gelehrte schließlich mit der
Enthüllung der Wahrheit droht, wird er ums Leben gebracht.

Unmittelbarer Schreibanlass für dieses von Chamisso beein-
flusste Märchen war Andersens Leiden unter der Sommer-
hitze in Neapel 1846. Doppelgänger, die ihm zum Ausdruck
seiner zwiespältigen Persönlichkeit dienen, tauchen auch in
anderen Werken auf, so in der *Fußreise*, und im Tagebuch
berichtet er von einem Déjà-vu-Schatten-Erlebnis während
seiner Donaureise 1841.

> »An Bord ist ein Mensch, der wie eine Karikatur von mir aus-
> sieht, er ist ein vollkommener Schatten; er ist ein loses Bas-
> relief; der arme Mensch wurde ausgelacht, man zeichnete ihn
> ab; ich glaube, ihm fehlen die Unterzähne, er sah vollkommen
> aus wie ein Schatten.« (Andersen in einem Tagebucheintrag
> vom 3. 6. 1841; TB, S. 185 f.)

Die weit über seine Zeit hinausreichende Bedeutung dieser
Anti-Idylle wurde bei Erscheinen weder in Dänemark noch in
Deutschland erkannt. So heißt es, vollkommen missverste-
hend, in einer Rezension der Zeitschrift *Die Grenzboten* 1848:
»Selbst dem alten Peter Schlemihl und seinem verloren gegan-
genen Schatten weiss Andersen eine neue humoristische Seite
abzugewinnen. Andersen ist eine ächte Dichternatur, welche
die verkehrte Welt der Romantik mit Anmuth und Grazie zu
einem harmonischen Bilde umschafft.« (MLE 1, S. 293 f.) Dagegen sieht Georg Brandes 1869 darin »eins der grössten Meisterwerke in der dänischen Literatur […], wo der Dichter trotz
seines weichherzigen Optimismus gewagt hat, die schreckli-
che Wahrheit in ihrer ganzen Nacktheit hervor treten zu lassen« (Brandes 1882, S. 126).

Mit dem *Schatten* erreicht Andersen einen Höhepunkt seiner
Märchendichtung, und in der Folgezeit versucht er, das Genre
immer mehr erweiternd, neue Gestaltungsmöglichkeiten dafür zu finden, auch mit thematischen Wiederholungen. Län-
gere Erzählungen von legenden- und sagenhaftem Charakter
wie *Schlammkönigs Tochter* (1858) und *Der Wind erzählt von
Valdemar Daae und seinen Töchtern* (1859) wechseln ab mit
didaktisch-moralisierenden Texten wie *Der Flachs* (1849) und

Das Bilderbuch des Paten (1868), allegorisch-satirischen Geschichten wie *Das ist ganz gewiss!* (1852) und *Der Mistkäfer* (1861), dem Volksmärchen nahen Texten wie *Tölpel-Hans* (1855) und *Was Vater tut, ist immer richtig* (1861) und poetologischen Visionen wie *Vogel Phönix* (1850) und *Die Muse des neuen Jahrhunderts* (1861).

In seiner zweiten Lebenshälfte tendiert Andersen stärker zum realistischen Erzählen, findet das Phantastische in der Wirklichkeit – oder nicht, und schlägt auch sarkastische, selbstironische und resignative Töne an. Der Kobold im Märchen *Der Kobold und der Kaufmann* (1852) muss zwischen dem armen Studenten mit dem schönen Buch und dem Kaufmann mit dem Klumpen Butter wählen und beschließt pragmatisch: »›Ich will mich zwischen ihnen teilen! Ich kann auf den Kaufmann nicht ganz verzichten, der Grütze wegen!‹« (MuG 2, S. 40) Und der Dichter, der in *Die Irrlichter sind in der Stadt, sagte die Moorfrau* (1865) auf der Suche nach dem verloren geglaubten Märchen an die Moorfrau des Volksglaubens gerät, die einen ganzen Schrank voll Poesie in Flaschen hat und ihn vor den in die Wirklichkeit losgelassenen Irrlichtern warnt, setzt auf die Wirkung seines Erzählens wenig Hoffnung: »›Die Leute werden mich ja verprügeln! […] Kein einziger wird sich davon anfechten lassen, sie glauben alle, ich erzähle ein Märchen […]‹« (MuG 2, S. 240) Sieben Jahre später lässt Andersen in einem seiner letzten und besten Märchen eine realitätsgeborene Dämonin los, die in anderer Gestalt, als Gemüsefrau, bereits in seiner frühen *Fußreise* ihr Unwesen trieb und die er aus eigener langjähriger, leidvoller Erfahrung kennt: die Tante Zahnweh.

> »›Ich werde dich das Versmaß lehren!‹ sagte sie. ›Großer Dichter soll großes Zahnweh haben, kleiner Dichter kleines Zahnweh!‹ – ›O laß mich klein sein!‹ bat ich. ›Ich bin kein Poet, ich habe nur Anfälle vom Dichten, Anfälle wie von Zahnweh! Fahre hin! Fahre hin!‹« (Hans Christian Andersen, *Tante Zahnweh*; MuG 2, S. 305)

Werk

»Tante Zahnweh«. Federzeichnung von Lorenz Frølich, 1872

Tante Zahnweh
(1872, Nye Eventyr og Historier, III:2 – Neue Märchen und Geschichten)

Ein junger Student mit Drang zum Dichten und heftig dazu ermuntert von der guten Tante Mille, die ihn mit Zuckerwerk verwöhnt und seine süßlich-sentimentalen Werke lobt, wird nächtens von ihr in Gestalt der Tante Zahnweh, als »Satania infernalis«, fürchterlich heimgesucht. Worauf der junge Dichter zwar der Poesie abschwört, seine Geschichte aber doch aufschreibt, die dann als Einwickelpapier für Salzhering und Schmierseife Nutzen tut, bis auf einige wenige Blätter, die im Eimer landen und die Zeit überdauern.

Vgl. S. 86

Der doppeldeutige Schluss dieses bösen Märchens ist auch zu lesen als Bekenntnis eines Autors, der zwischen Romantik und Realismus eine besondere, über seine Zeit hinausweisende Art des Umgangs mit Dämonen fand.

Andersen erntete für dieses Märchen von der offiziellen Kritik allgemeines Lob, und die Zuhörer seiner Lesungen, darunter Georg Brandes, waren amüsiert und begeistert. Da es nicht in Auswahlausgaben für Kinder gelangte, wurde es in Deutschland kaum bekannt und ist heute, zu Unrecht, so gut wie vergessen.

118

Selbstzeugnisse

Autobiographien,
vgl. S. 42

Von Andersens drei Autobiographien ist die früheste, das so genannte *Lebensbuch*, das erst 1926 auf Dänisch und 1993 auf Deutsch erschien, die unmittelbarste und wahrheitsnächste und am lesenswertesten. Andersen übergab das Manuskript, an dem er weiterschreiben wollte, kurz vor seiner ersten Italienreise 1833 Edvard Collin und verfügte schriftlich, dass es im Fall seines Todes gedruckt werden sollte. In den späteren, als offiziell bezeichneten Autobiographien *Das Märchen meines Lebens ohne Dichtung* (es erschien 1847 auf Deutsch und erst 1942 auf Dänisch) und *Das Märchen meines Lebens* (1855), an dessen Fortsetzung er bis an sein Lebensende schrieb, ist er vor allem bemüht, sich selbst als Glückskind und Märchenhelden zu stilisieren, so dass sie in vielem mehr Dichtung als Wahrheit und streckenweise Dokumente der Eitelkeit sind. Seine Kindheit war nicht so idyllisch, wie von ihm erdichtet, und die dänische Kritik, über die er sich ständig beklagt, nicht gar so böse. Dass er manches, vor allem in den späteren Autobiographien, tunlichst verschwieg, wurde bereits erwähnt.

**Vgl. S. 69
und S. 77**

Tagebücher

Seine Tagebücher (1971-77 in Dänemark und 1980 und 2000 in einer Auswahl auf Deutsch publiziert), die er von 1825 bis zu seinem Tod 1875 führte, waren zwar nicht von ihm zur Veröffentlichung vorgesehen, doch hat er, wie aus einigen Bemerkungen hervorgeht, potentielle Leser der Mit- und Nachwelt durchaus einbedacht und auch deshalb manches Persönliche und auf Zeitgenossen Bezogene nur angedeutet oder verschwiegen. Dennoch geben sie ein anschauliches Bild seiner komplizierten Persönlichkeit, seiner Widersprüche, Ängste und Nöte mit sich selbst und seiner Zeit.

Almanache

Die Almanache (1996 in Dänemark erschienen) sind Schreib- und Reisekalender und enthalten knappe, manchmal stichpunktartige Notizen, die sich auf Alltägliches und für ihn Merkenswertes beziehen.

Briefe

Wie viele Briefe Andersen insgesamt geschrieben hat, ist noch immer nicht mit Sicherheit festgestellt, obwohl die wichtigsten Korrespondenzen, vor allem mit dänischen Bekannten, Freundinnen und Freunden, in ausführlich kommentierten Einzelausgaben vorliegen. Bald nach seinem Tod erschienen

in Dänemark 1877 ein Band Briefe an ihn und 1878 zwei
Bände Briefe von ihm, herausgegeben von C. St. A. Bille und
Nicolai Bøgh, die heute noch als Standardausgaben gelten.
Wie intensiv, auch unterhaltsam-witzig Andersen diese Form
des geistigen Austauschs pflegte, dokumentieren auch die
Briefwechsel, die er mit Großherzog Carl Alexander von
Sachsen-Weimar-Eisenach, 1998 ediert mit dem Titel »*Mein
edler, theurer Großherzog!*«, und mit Lina von Eisendecher,
2003 ediert mit dem Titel *Hans Christian Andersen/Lina von
Eisendecher/Briefwechsel*, führte – auf Deutsch.

Bildende Kunst

Dass Andersen auch bildkünstlerisch begabt war, wusste zu
seinen Lebzeiten nur das private Umfeld. Seine Zeichnungen,
Scherenschnitte, Collagen und anderen kleinen Kunstwerke
wie Klecksszeichnungen, auch eine Papierskulptur, dienten
nicht der Illustrierung seiner literarischen Werke, sondern
waren für ihn eigenständige Arbeiten. Schon als Kind fertigte
er für sein Puppentheater Figuren und Kostüme an, zeichnete   **Zeichnungen**
und schnitt aus. Seine früheste erhaltene Zeichnung, um
1820, stellt einen seiner Lieblingsorte, die Bühne des Königlichen Theaters, dar. Zwischen 1830 und 1833, als er jeden
Donnerstag bei dem Komponisten und Singmeister Ludvig
Zinck zu Abend speiste, füllte er für dessen sechs-siebenjähri-
gen Sohn zwei Hefte mit Bleistiftzeichnungen: Porträts,
Landschaften, freie Phantasien, von denen manche geradezu
surrealistisch anmuten.
Die Mehrzahl seiner Federzeichnungen, von denen etwa 250
erhalten sind, entstand auf Reisen, vor allem den frühen, auf
denen er ständig einen Skizzenblock bei sich trug, um seine
optischen Eindrücke zumeist im Format 7 x 9 cm festzuhalten. Ermuntert dazu wurde er nicht nur von seinen Maler-
freunden in Rom, sondern auch von H. C. Ørsted. Auch in
Tagebücher und Briefe fügte er kleinformatige Skizzen ein,
spontan und seiner Eingebung folgend.
Wenn Andersen befreundete Familien besuchte, trug er stets   **Scherenschnitte**
eine Schere bei sich, und was er damit, frei improvisierend,
aus Papier schnitt, verschenkte er sogleich weiter, vor allem an

Kinder. So entstanden mehr als 1000 Scherenschnitte – so viele wurden bisher gefunden – in unterschiedlichen Formaten und mit unterschiedlichen Motiven, die vielfach auch in seinen Märchen auftauchen: Engel, Tänzerin, Elfe, Schwan, Herz, Baum, Kobold usw., auch Totenköpfe. Die wichtigsten davon verarbeitete er 1874 in einem 42 x 26,5 cm großen Scherenschnitt, den er Dorothea Melchior schenkte.

Bilderbücher und Collagen

Für Kinder befreundeter Familien gestaltete er etwa ein Dutzend Bilderbücher, wobei er in einer modern anmutenden Formensprache alles Mögliche und Unmögliche collagierte: Scherenschnitte und Sprüche, Zeitungsausschnitte, Bilder, Etiketten, Eintrittskarten, Theaterprogramme und anderes.

Die Technik der Collage benutzte er auch für den großen vierteiligen Wandschirm, den er im Winter 1873/74 mit Materialien beklebte, die ihm Freunde und Bekannte lieferten. Er besteht aus acht Feldern, die sich jeweils auf ein Thema oder Land beziehen – Kindheit, Theater, Dänemark, Schweden-Norwegen, Deutschland, Frankreich, England, Orient – und gleichsam einen Überblick über sein Leben geben.

»Christines Bilderbuch«. Collage von Andersen, 1859

Schließlich war Andersen ein begabter Dekorateur und Florist und für seine originell zusammengestellten Blumengebinde und kleinen Basteleien berühmt.

Wirkung

Andersen war schon zu Lebzeiten in Europa und auch in Nordamerika bekannt und berühmt. Heute ist er einer der meistgelesenen Autoren der Welt, übersetzt in fast 150 Sprachen, und verdankt seinen Ruhm vor allem den Märchen. Gestalten wie der nackte Kaiser, das hässliche Entlein, die Prinzessin auf der Erbse und der standhafte Zinnsoldat sind sprichwörtlich geworden, ohne dass dabei immer an den dänischen Urheber gedacht wird. Auch für eine große Zahl seiner Leser, die Kinder, scheint es keine Rolle zu spielen, dass Andersen ein Däne des 19. Jahrhunderts war. So erzählte Per Olov Enquist während einer Preisverleihung in Odense 2001, dass er ihn als Kind für einen Landsmann aus dem schwedischen Västerbotten gehalten hatte, und für den Illustrator Boris Diodorov war Andersen mit gleicher Selbstverständlichkeit ein Russe.

Das dänische Interieur von Andersens Entenhof, die Physiognomie seiner Helden, die Unmittelbarkeit seiner Erzählweise, Humor und Ironie, die als dänische Nationaleigenschaften gelten, lassen Identifikationsmöglichkeiten jenseits aller nationalen Grenzen zu. In Japan, wo *Des Kaisers neue Kleider* erstmals 1888 erschien und wo es gegenwärtig mehrere vollständige Ausgaben seiner Märchen, auch anderer Werke und eine sehr aktive Andersen-Gesellschaft gibt, genießt er geradezu Kultstatus – Restaurants, Bäckereien, sogar Tempel sind nach ihm benannt. Auch in China, wo man *Des Kaisers neue Kleider* ab 1914 lesen konnte, erfreuen sich seine Märchen größter Beliebtheit und gehören seit Mitte des 20. Jahrhunderts zur Schullektüre. Dass er in Dänemark den Rang eines »Nationaldichters« besitzt und 2004 zum »Größten Dänen aller Zeiten« gekürt wurde, bedarf keines Kommentars.

Illustrierung

Illustratoren der ganzen Welt haben Andersens Märchen bis in die Gegenwart ihrem Stil mühelos anverwandelt und seinen Kaiser mit sehr verschiedenartigen Kleidern versehen. Von den zahlreichen Künstlern sollen hier nur einige wenige

»Der Schatten« –
gesehen von
Günter Grass
2004

genannt sein: die dänischen Klassiker Vilhelm Pedersen und Lorenz Frølich, die auch heute noch in vielen großen Ausgaben präsent sind, Otto Speckter, Ludwig Richter, Moritz von Schwind, auch Alfred Kubin, Olaf Gulbransson, El Lissitzky, Salvador Dalí, Tomi Ungerer, Jiří Trnka und Klaus Ensikat. Die dänische Königin Margrethe II., die sich ebenfalls bildkünstlerisch mit Andersens Werk befasste und im Jahr 2000 einen Film nach dem Märchen *Die Schneekönigin* mit einer Art von Collagen versah, wurde 2004 in Odense mit dem Hans-Christian-Andersen-Preis geehrt. Zu Andersens Illustratoren gehört auch Günter Grass, dem es besonders *Der Schatten* angetan hat.

Verfilmungen

Für den Film wurde Andersen früh entdeckt, bereits 1907 entstanden drei Märchenverfilmungen, denen weitere folgten, so 1921 Lotte Reinigers erster Silhouettenfilm *Der fliegende Koffer*. Seitdem ist die Zahl der Filme, zumeist Zeichentrickfilme, stetig gestiegen und heute kaum noch zu überschauen. Dabei wurde, nicht zuletzt von Walt Disney, durchaus freizügig mit den Originalen verfahren, und die Verkitschung trieb und treibt schillernde Blüten; ein Beispiel ist *Arielle – Die Meerjungfrau*, das die Disney-Studios (sehr frei nach *Die kleine Meerfrau*) 1989 produzierten. Andersen selbst avancierte 1952 in *Hans Christian Andersen und die Tänzerin* zum Leinwandhelden, dargestellt von Danny Kaye, und dürfte sich in dieser Musical-Version von Charles Vidor als strahlender Sonnyboy ebenso wenig wiedererkannt haben wie in dem 2001 gedrehten Film *My Life as a Fairy Tale*.

Vertonungen und Ballette

Auch auf Komponisten wirkte Andersen anregend, nicht nur, wie schon erwähnt, mit seinen Gedichten. Sergej Prokofjew komponierte 1914 *Das häßliche junge Entlein* für Mezzosopran und Klavier. Im gleichen Jahr entstand die erste Fassung der Oper *Le Rossignol* (»Die Nachtigall«) von Igor Strawinsky, drei Jahre später dann seine sinfonische Dichtung für Orchester *Le Chant du Rossignol* (»Das Lied der Nachtigall«). Andersens *Eisjungfrau* inspirierte Strawinsky 1928 zu dem allegorischen Ballett *Le Baiser de la Fée* (»Der Kuss der Fee«), neu gefasst 1970.

Schon Andersens Zeitgenosse August Bournonville hatte unter anderem den *Standhaften Zinnsoldaten* choreographiert, was 1975 – mit der Musik von Georges Bizet – auch George Balanchine unternahm. Von Hans Werner Henze stammt die Ballettpantomime *Des Kaisers Nachtigall* (1959), und die Reihe der Ballett-Adaptionen, die hier keineswegs vollständig aufgezählt sind, setzt sich bis heute fort. In Dänemark wurde *Die Prinzessin auf der Erbse* im Pantomime-Theater des Tivoli aufgeführt, das englische Kneehigh Theatre präsentierte mit *The Red Shoes* eine originelle, auch auf Andersens Sexualität anspielende Version des Märchens *Die roten Schuhe*, und auf dem Tanzfest in Berlin hatte *The H. C. Andersen Project* von Michael Laub Premiere, in dem es ebenfalls um Zwiespältigkeiten und Abgründe in Leben und Werk des Dichters geht.

Literarische Auswirkungen

Wie groß der Einfluss ist, den Andersen auf andere Autoren hatte und hat, wurde längst noch nicht ausreichend untersucht. Sein Eindruck auf Zeitgenossen war durchaus unterschiedlich, von Chamisso, Heine, Dickens u. a. war bereits die Rede.

Friedrich Hebbel, der ihm 1843 in Kopenhagen begegnete, beschreibt ihn in seinem Tagebuch als eine »lange, schlotterige, lemurenhaft-eingeknickte Gestalt mit einem ausnehmend häßlichen Gesicht« (Hebbel 1926, S. 7). Bettina von Arnim war 1844 von Andersens bizarrer Erscheinung fasziniert und von seinem Werk begeistert. Dagegen sorgte Karl Gutzkow 1856 auf Gut Maxen für einen Eklat, als er sich mit Kritik an Andersen nicht zurückhielt. »Er war so taktlos zu fragen, ob ich denn nie geliebt hätte, das sei in meinen Büchern nicht zu finden, da komme die Liebe so von oben herab wie eine Fee,

Zeitgenossen

ich sei selber eine Art Halbmann! […] Am Abendbrottisch fiel G. wieder über mich her, es ging gegen *Unter dem Weidenbaum*, das sei Sentimentalität, unnatürlich, Christian sei ›blöde‹, ich verstünde mich nicht auf Kinder!« (TB, S. 322 f.) beklagte sich Andersen danach im Tagebuch.

Nicht nur der jungdeutsche Gutzkow sah Andersen unbegeistert. Bereits 1844 und 1847 hatte sich der Schriftsteller Eduard Boas in der Zeitschrift *Die Grenzboten* kritisch gegen ihn gewandt und unter anderem *Das Märchen meines Lebens ohne Dichtung* als »Lobhudelei auf sich [selbst]« (zit. n. *Trekant*, S. 172) bezeichnet. Nach 1847 klang die schon erwähnte Biedermeier-Euphorie (von der sich kräftige Spuren bis heute gehalten haben) in Deutschland allmählich ab, wozu auch nationale Konflikte zwischen beiden Ländern beitrugen; doch

»Im Garten der jüngsten Tochter des Meerkönigs«. Lotte Reinigers Scherenschnitt zur »Kleinen Meerfrau«, 1980

wurden Andersens Werke weiter verlegt und gelesen, nach seinem Tod fast nur noch die Märchen. Die erste Bekanntschaft mit ihm fand also zumeist in der Kindheit statt, kaum einer der nachfolgenden Autoren, und das weltweit, hat Andersens Märchen *nicht* gelesen, viele haben ihn bewusst oder unbewusst rezipiert.

Englische Autoren Zu denen, die ihn im 19. Jahrhundert nicht nur, wie William Makepeace Thackeray, bewunderten, sondern auch unmittelbar für das eigene Werk nutzten, gehört Oscar Wilde, dessen erste Märchensammlung *Der glückliche Prinz* (1888) deutlich von Andersen beeinflusst ist. Seine phantastische Erzählung *Der Fischer und seine Seele* (1891) bezieht sich direkt auf *Die kleine Meerfrau*, auch *Das Sternenkind* aus dem gleichen Jahr steht in Andersens Nachfolge.

Wie groß Andersens Wirkung auf die englische Literatur im 19. Jahrhundert war, fasste G. K. Chesterton 1915 so zusammen: »Die englischen Romantiker fanden ein ganzes Märchenland in einem Kopf und unter einem Zylinder. […] Die Engländer, die damals Kinder waren, verdanken Hans Andersen [sic] mehr als irgendeinem ihrer eigenen Autoren jenes essentielle erzieherische Gefühl, dass das häusliche Leben nicht langweilig, sondern ziemlich phantastisch ist.« (Chesterton 1915, S. 77 f.)

Interessant war nicht nur Andersens häusliches Leben. Als Ludwig Fulda 1893 *Des Kaisers neue Kleider* zu dem Märchenstück *Der Talisman* umarbeitete und ins Harmlos-Idyllische verbog, war das für Kaiser Wilhelm II. immer noch so gefährlich, dass er die Verleihung des Schillerpreises an Fulda persönlich verhinderte. Bereits vor der Wiener Uraufführung hatten Zensoren Einspruch gegen das im Stück vorkommende Wort »Unterhosen« erhoben. Im zaristischen Russland, wo sich unter anderem Lew Tolstoj mit diesem Märchen befasste, war es zeitweise sogar verboten.

Ludwig Fulda

Des Kaisers neue Kleider ist wohl dasjenige von Andersens Märchen, das die meisten Adaptionen und Deutungen erfahren und überlebt hat. Im sowjetischen Russland verfasste Jewgeni Schwarz, der auch für seine Stücke *Die Schneekönigin* (1938), *Der Schatten* (1940) und *Der Drache* (1843) Stoffe und Motive von Andersen gebrauchte, 1934 die Märchenkomödie *Der nackte König*, die deutliche Anspielungen auf Hitler und andere Machthaber enthält. Die deutsche Erstaufführung, eine Inszenierung von Gustaf Gründgens, wurde 1947 in Berlin ein großer Erfolg. Sigmund Freud führte das Märchen in seiner *Traumdeutung* als Beispiel für einen missverstandenen Nacktheits- und Exhibitionstraum an, eine Auffassung, der Erich Fromm, der sie für allzu reduziert auf verdrängte Sexualwünsche hielt, energisch widersprach, während Jacques Derrida das Märchen als inszenierte Wahrheit ansah. Weitere Interpretationen sind zu erwarten.

Vgl. S. 53 und S. 108 f.

Auf die Autoren der skandinavischen Nachbarländer war und ist Andersens Wirkung besonders groß, zumal es hier kaum sprachliche Barrieren gibt. Jens Peter Jacobsen knüpft in seinem Roman *Niels Lyhne* (1880) nicht nur mit dem Namen seines Titelhelden an Andersens Roman »*Sein oder nicht sein*« an, dessen Protagonist Niels Bryde heißt, sondern führt seine Problemstellung in die Moderne fort. August Strindberg verstand Andersen als Dichter für alle Altersklassen und bezeichnete sich als seinen Schüler. Herman Bang, mit ähnlicher

Skandinavische Autoren

sexueller Neigung, ließ sich sprachlich-stilistisch von ihm inspirieren. Karen Blixen, die besonders von Andersens Mündlichkeit angetan war und sich in ihren eigenen Geschichten mit ihm eher indirekt auseinander setzte, schrieb kurz vor ihrem Tod 1962 als Isak Dinesen die Einleitung für eine amerikanisch-britische Auswahl seiner Märchen und schlug dabei selbst einen märchenhaften Ton an.

Um Mündlichkeit ging es auch Villy Sørensen, als er im Jahr 2000 drei Märchen, *Die Schneekönigin*, *Der Tannenbaum* und *Das kleine Mädchen mit den Schwefelhölzchen*, behutsam dem heutigen Dänisch anpasste. Andersens zu seiner Zeit höchst lebendige und moderne Sprachform kann nach etwa anderthalb Jahrhunderten für seine Landsleute veraltet und schwer verständlich scheinen, ein Problem, das Übersetzer auf ihre Art zu lösen suchen. Sørensen hatte sich schon in den 60er Jahren intensiv mit Andersen beschäftigt und unter anderem in einer essayistischen Darstellung, *De djævelske traumer* (1961, »Die teuflischen Traumen«), auf dessen soziale Ambivalenz und zwiespältige Persönlichkeit hingewiesen.

Als Außenseiter sieht ihn auch Per Olov Enquist, in dessen Werk sich zahlreiche Andersen-Spuren finden, so von der *Schneekönigin* in *Der Sekundant* (1972) und in *Kapitän Nemos Bibliothek* (1991). In dem Drama *Från regnormarnas liv* (1981, »Aus dem Leben der Regenwürmer«) lässt er den äußerlich grotesk lächerlichen Märchendichter 1856 mit der berühmten Schauspielerin Johanne Luise Heiberg zusammentreffen und mit ihr, die jüdischer Herkunft war und sich wie er aus der unteren sozialen Schicht nach oben gekämpft hatte, ein geschwisterliches Bündnis schließen.

20. Jahrhundert Auch außerhalb Skandinaviens wurde Andersen zu Beginn des 20. Jahrhunderts mehr und mehr als Autor für Erwachsene (wieder-)entdeckt. Theodor Fontane hatte ihn bei einer Umfrage 1888 als einen seiner Favoriten genannt. Hermann Hesse, dessen Lieblingsbuch in der Kindheit, vor allem wegen der »kleinen Seejungfer«, *Andersens Märchen* hieß, begegnete ihm 1910 als Erwachsener wieder: »Aber die Geschichte, die ich las, war gut, sie war gar nicht so märchenhaft und überschwenglich und künstlich, wie ich heimlich doch fast gefürchtet hatte, sondern sah mit ganz gescheiten Augen in die wirkliche Welt und legte ihren Märchenglanz nicht aus Eitelkeit und törichtem Übermut darüber, sondern aus Erfahrung und mitleidiger Resignation.« (Hesse 1978, S. 75)

In seinem Poem *Krieg und Welt* (1917) bezog der damals noch zukunftsoptimistische und futuristische junge Wladimir Majakowski den alten Dänen in seine Utopie einer Völkerverbrüderung ein: »Aufbrach ein Tag, Zaubers so voll, / daß Andersens Märchen zu seinen Füßen so froh / sich balgten, wie junge Hunde, vor Übermut toll.« (Majakowski 1968, S. 75)

> »Es ist ja immerhin der, der die schönsten Märchengeschichten der Welt erzählt hat – gesungen hat – hörst du den leisen Pfeifenton, in dem er sie sang? Perlmuttmatt spiegelt sich seine Ironie in der Abendsonne – einmal: ›Sein Bart war eher rot als weiß – denn, er war rot‹, von einem Mops: ›Er ist gleichsam ein Mitglied der Familie, anhänglich und wütend‹; wenn gar die Gegenstände, die der lor als ›tot‹ anzusprechen gewohnt ist, zu reden beginnen, dann nicken wir allesamt mit dem Kopf – denn so, genau so reden natürlich Halskragen, Zinnsoldaten und Teekessel.« (Kurt Tucholsky, *Das Lächeln der Mona Lisa*, S. 581)

Während Kurt Tucholsky das Märchen vom *Fliegenden Koffer* bevorzugte, empfahl Franz Kafka seiner Verlobten Felice Bauer **Franz Kafka** *Die Galoschen des Glücks* und »auch noch viel mehr« (Kafka 1967, S. 727) und hat, wie Dora Diamant berichtete, selbst gern aus Andersens Märchen vorgelesen. Seine Affinität bezog sich nicht nur auf die unglückseligen Galoschen, die rechtens der Fee namens Sorge gehörten, und Michael Maar äußert die Vermutung, dass Kafkas *Schloss* vom Palast der *Schneekönigin* beeinflusst sei.

Maar hat in seiner Abhandlung *Geister und Kunst* (1995) Andersen-Spuren vor allem im Werk Thomas Manns gründlich **Thomas Mann** untersucht. Thomas Mann gab bei einer Umfrage 1928 nach dem Buch, das den stärksten Eindruck auf ihn gemacht habe, zur Antwort: »[…] ich könnte *Die Welt als Wille und Vorstellung* sagen oder Nietzsche oder Tolstoi. Aber ich glaube, ich muß weiter zurückgehen, ich glaube, einer der frühesten literarischen Eindrücke, deren ich teilhaftig wurde, war auch der tiefste und nachhaltigste: Andersens Märchen.« (Zit. n. Maar 1995, S. 41) Gegen Ende seines Lebens schrieb Thomas Mann am 9. 2. 1955 an Agnes E. Meyer: »Immer habe ich eine Vorliebe gehabt für Andersens Märchen vom *Standhaften Zinnsoldaten*. Es ist im Grunde das Symbol meines Lebens.« (Mann 1968, S. 395) Er hat noch mehr Verwandtes bei dem schmerzerfahrenen, hintergründigen Dänen für sich entdeckt. Von den zahlreichen Bezügen in seinem Werk ist am deutlichsten der auf die ambivalente *Kleine Meerfrau*, von der im *Doktor Faustus* (1947) direkt die Rede ist und mit deren »Messerschmerzen« Adrian Leverkühn »die eigene Qual« vergleicht (Mann 1965, S. 478). Auch Dämoninnen wie die Schneekönigin, die Eisjungfrau und Tante Zahnweh und andere Gestalten gehen in seinen Werken um.

Thomas Mann, in Santa Monica, um 1940

Der Russe Konstantin Paustowski feiert Hans Christian Andersen in einem Essay 1955 als einen Hoffnungsträger, der ihn »an den Sieg des Lichtes über die Finsternis, an den Sieg der Herzensgüte über alles Böse zu glauben« lehrte. Ihm wurde erst später klar, dass jedes Märchen dieses »liebenswerten Sonderlings […] noch ein zweites in sich einschließt, das in vollem Maß nur Erwachsene verstehen können« (Paustowski 1972, S. 215).

Vladimir Nabokov kannte Andersen bestens und nahm direkte und indirekte Anleihen bei ihm auf. Vor allem schien es ihm Andersens *Meerfrau* angetan zu haben, die bei ihm mehrfach ihr Nixen- und Nymphenwesen treibt. Humbert Humbert schenkt seiner Lolita zum dreizehnten Geburtstag »einen mit auf billige Weise schönen Illustrationen ausgestatteten Prachtband von Andersens *Die kleine Seejungfrau*« (Nabokov 1964, S. 201). Die dichtende und therapierende Ex-Gattin von Professor Pnin wird einige Male mit einer Meerjungfrau verglichen, und die unglückliche Lucette in *Ada* folgt Andersens Meerfrauen-Vorbild bis in den Tod.

Dass in der Anthologie *Erste Lese-Erlebnisse*, 1975 herausgegeben von Siegfried Unseld, mehrere Autoren Andersen nennen, überrascht nicht: Anna Seghers, Wolfgang Koeppen, Stephan Hermlin (der an das *Bilderbuch ohne Bilder* denkt), E. Y. Meyer. Natürlich hatte ihn auch Arno Schmidt gelesen.

Victor Klemperer erinnert sich in einer Tagebuchnotiz vom 31. 3. 1933 an ein Märchen, das schon für Kafka wichtig gewesen war: »Ein Märchen von Andersen, *Galoschen des Glücks*. Ein Professor hat in Gesellschaft von den Zuständen des 14. Jahrhunderts gesprochen, denkt im Heimgehen, wie es damals in Kopenhagen ausgesehen habe – und plötzlich ist das Pflaster fort, und er versinkt im Dreck. Manchmal glaube ich, solche Galoschen anzuhaben.« (Klemperer 1995, S. 17)

> »Noch nie habe ich die gravierende Tatsache analysiert, daß das Lieblingsmärchen meiner Kindheit *Das häßliche Entlein* war. Ich habe es oft gelesen und jedesmal fleißig geweint. Es ist mir häufig auf der Straße, im Bett vor dem Einschlafen usw. in den Sinn gekommen, als Trost, der sich an allen für alles rächt. Womöglich sagt es mehr über meine geheimen Lebensgrundsätze aus als die großen Jugendlektüren, von denen ich glaubte, sie hätten mein Schicksal tiefgreifend verändert, hätten meine Wege – oder Irrwege – bestimmt.« (Imre Kertész, *Ich – ein anderer*, S. 70)

Für Ludwig Harig beginnt die Erinnerung an die Kindheit mit den Grimmschen Märchen und denen von Andersen: »Sie haben mein Denken und später mein Schreiben beflügelt und lebenslang meinen Wirklichkeitssinn korrigiert. Vielleicht habe ich sogar zu lange Märchen gehört und gelesen: Albert Einsteins Erkenntnis ›Zeit und Raum verschwinden mit den Dingen‹ halte ich nach wie vor für einen verborgenen Satz aus den Märchen der Brüder Grimm, und Rousseaus Bannspruch ›Der Böse hat Angst vor sich selbst‹ klingt mir wie eine Beschwörung des Ole Luk-Oie von Andersen.« (Harig 2002, S. 51 f.) In einer Rezension einer deutschen Auswahl aus den Tagebücher kommt er auch auf Andersens ästhetische Weiterwirkung zu sprechen: »Dieser Erzählgestus der gesprochenen Sprache, die umgangssprachliche Metaphorik, die suggestive, schlanke Vortragsweise hat sämtliche Roman- und Novellentheorien des 19. Jahrhunderts überdauert und ist so modern geblieben wie vor hundertfünfzig Jahren.« (Harig 2000)

Einen modernen Andersen entdeckt in den Tagebüchern auch Burkhard Spinnen: »[...] wer geneigt ist, das Nörgeln als den Ausdruck einer Verzweiflung an der Stellung von Kunst und Künstler in der Gesellschaft zu lesen, der wird in Andersens Suada etwas ausgesprochen Gegenwärtiges vernehmen.« (Spinnen 2000)

Anhang

Zeittafel

1805 Hans Christian Andersen wird am 2. 4. in Odense als Sohn des zunftfreien Schuhmachers Hans Andersen und seiner Frau Anne Marie Andersdatter geboren und am selben Tag getauft.

1810 Erster Unterricht, zunächst privat, später in der städtischen Armenschule. Erwachendes Interesse für Literatur und Theater.

1816 Tod des Vaters, der sich 1812 als Soldat hatte anwerben lassen und 1814 physisch und psychisch zerrüttet heimgekehrt war.

1818 Andersens Mutter heiratet den Schuhmacher Niels Jørgensen Gundersø.

1819 Andersen wird konfirmiert und bricht am 4. 9. mit 13 Reichstalern in der Tasche nach Kopenhagen auf. Nach mehreren Bitt- und Präsentationsgängen zeitweiliger Besuch der Ballett- und Gesangsschule des Königlichen Theaters, ab 1820 kleine Statistenrollen, ohne Erfolg.

1822 Erste dramatische Versuche, die von der Theaterdirektion abgelehnt werden, jedoch auf seine Begabung aufmerksam machen. Ab Oktober Besuch der Lateinschule in Slagelse, finanziert vom »Fond ad usus publicos«.

1826 Umzug mit Rektor Meisling nach Helsingør, wo sich seine Leiden unter Meislings Schikanen noch verschlimmern.

1827 Nach Intervention von Jonas Collin Privatunterricht in Kopenhagen. Erste öffentliche Anerkennung für das Gedicht *Das sterbende Kind*, abgedruckt in *Kjøbenhavnsposten*.

1828 Nach bestandenem Abitur freier Schriftsteller.

1829 Prosadebüt mit *Fußreise von Holmens Kanal zur Ostspitze von Amager in den Jahren 1828 und 1829*. Aufführung des parodistischen Vaudevilles *Liebe auf dem Nikolaiturm oder Was sagt das Parterre* am Königlichen Theater.

1830 *Gedichte*. Reise nach Jütland und Fünen, unglückliche Liebe zu der Kaufmannstochter Riborg Voigt.

1831 Gedichtsammlung *Phantasien und Skizzen*. Erste Reise nach Deutschland, Bekanntschaft mit Ludwig Tieck, Adelbert von Chamisso u. a. Erstes Reisebuch *Schattenbilder von einer Reise in den Harz, die Sächsische Schweiz etc. etc. im Sommer 1831*. Edvard Collin lehnt das vorgeschlagene »Du« ab.

1832 Neben dramatischen und lyrischen Arbeiten entsteht die erste Autobiographie *Lebensbuch*.

1833 Reisestipendium vom »Fond ad usus publicos«, anschließend anderthalbjähriger Aufenthalt in Frankreich, der Schweiz, Italien, Österreich. Bekanntschaft mit Bertel Thorvaldsen u. a. In Rom erhält er die Nachricht vom Tod der Mutter. Dramatische Arbeiten, *Gesammelte Gedichte*.

1835 Roman *Der Improvisator*. Die ersten zwei Hefte *Märchen, für Kinder erzählt*.

1836 Roman *O. T.* Mehrere Singspiele und Vaudevilles.

1837 Reise nach Schweden. Roman *Nur ein Spielmann*. Drittes Heft *Märchen, für Kinder erzählt*.

1838 Bewilligung einer jährlichen Unterstützung von 400 (später 600) Reichstalern. *Märchen, für Kinder erzählt, neue Sammlung*, mit Fortsetzungen bis 1841. Dramatische Arbeiten.

1839 Reise nach Schweden. Prosabuch *Bilderbuch ohne Bilder*.

1840 Reise nach Schweden. Schauspiele *Der Mulatte, Das Maurenmädchen* und Vaudevilles. Beginn der großen Orientreise (Deutschland, Italien, Griechenland, Türkei, Donauländer), Rückkehr 1841.

1842 Reisebuch *Eines Dichters Basar*.

1843 Reise nach Paris, Bekanntschaft mit Alexandre Dumas père, Heinrich Heine, Alphonse de Lamartine, Elisabeth Félix Rachel u. a. In Kopenhagen große Begeisterung für die schwedische Sängerin Jenny Lind.

1843 und weiter bis 1848 *Neue Märchen*, ohne den Zusatz »für Kinder erzählt«.

1844 Reise nach Deutschland. In Weimar Beginn der Freundschaft mit dem späteren Großherzog Carl Alexander. Bekanntschaft mit Jacob Grimm, Bettina von Arnim u. a. Gast des dänischen Königspaars auf Föhr.

1845-1846 Knapp einjährige »Triumphreise« durch Deutschland, Österreich, Italien, die Schweiz, Frankreich.

1847 Die Autobiographie *Das Märchen meines Lebens ohne Dichtung* erscheint als Einleitung der *Gesammelten Werke* bei Lorck in Leipzig. Reise nach Holland, Belgien, England, Schottland. Das Versdrama *Ahasverus* erscheint auf Dänisch und Deutsch.

1848 Der Roman *Die zwei Baronessen* erscheint erst auf Englisch, dann auf Dänisch.

1849 Reise nach Schweden. Dramatische Arbeiten.

1850 Weitere dramatische Arbeiten. Gedicht *Dänemark, mein Vaterland*.

1851 *Vaterländische Verse und Lieder während des Kriegs*. Reisebuch *In Schweden*, auch auf Englisch und Deutsch. Reise nach Deutschland. Ernennung zum Titularprofessor.

1852 Reise nach Deutschland, Italien und in die Schweiz. Zwei Bände *Geschichten*.

1854 Reise nach Deutschland und Italien.

1855 Autobiographie *Das Märchen meines Lebens*. Reise nach Deutschland.

1856 Reise nach Deutschland.

1857 Der Roman *»Sein oder nicht sein«* erscheint gleichzeitig auf Dänisch, Englisch und Deutsch. Mehrwöchiger Besuch bei Charles Dickens in England.

1858 und weiter bis 1872 *Neue Märchen und Geschichten*. Reise nach Deutschland und in die Schweiz. Erste Lesung im Kopenhagener Arbeiterverein.

1859 Reise an die Nordsee und nach Skagen. Die jährliche Unterstützung wird auf 1 000 Reichstaler erhöht.

1860 Reise nach Deutschland und in die Schweiz.

1861 Reise nach Deutschland, Frankreich, Italien und in die Schweiz.

1862 Beginn der Freundschaft mit Harald Scharff. Reise nach Spanien (mit Abstecher nach Nordafrika) bis 1863.

1863 Reisebuch *In Spanien*.

1864 Tiefe Krise, ausgelöst vor allem durch den Krieg Preußens und Österreichs gegen Dänemark.

1865 Reise nach Schweden.

1866 Reise durch Deutschland, Holland, Belgien, Frankreich, Spanien nach Portugal.

1867 Reisen nach Paris (Besuch der Weltausstellung) und in die Schweiz. Ernennung zum Etatsrat. Am 6. 12. Ernennung zum Ehrenbürger von Odense.

1868 Bekanntschaft mit Georg Brandes. Reise nach Paris und in die Schweiz. Reisebuch *Ein Besuch in Portugal 1866*.

1869-1870 Reise nach Deutschland, Österreich, Frankreich (Ausflug nach Monaco).

1870 Roman *Glücks-Peter*.

1871 Reise über Schweden nach Norwegen.

1872 Reise nach Deutschland, Österreich, Italien. Im November erkrankt Andersen schwer.

1873 Reise nach Deutschland und in die Schweiz.

1874 Ernennung zum Konferenzrat.

1875 Tod am 4. 8. auf dem Landsitz Rolighed der Familie Melchior in Kopenhagen.

135

Bibliographie

(Sämtliche Andersen-Zitate in diesem Band wurden von Gisela Perlet aus dem Dänischen übersetzt.)

Abkürzungen im Text

Agnete: Agnete og Havmanden, in: Andersen, H. C., *Samlede Skrifter*, Bd. 17, Kjøbenhavn 1855

Almanache: H. C. Andersens Almanakker, udgivet af Helga Vang Lauridsen og Kirsten Weber, Det danske Sprog- og Litteraturselskab, København 1990

B & B: *Breve fra Hans Christian Andersen*, udgivne af C. St. A. Bille og Nikolai Bøgh, Bd. 1-2, Kjøbenhavn 1878

Collin: *H. C. Andersens Brevveksling med Edvard og Henriette Collin*, udgivet af C. Behrend og H. Topsøe-Jensen, Bd. 1-6, København 1933-1937

Eventyr: H. C. Andersens Eventyr, Kritisk udgivet efter de originale Eventyrhæfter med Varianter ved Erik Dal og Kommentar ved Erik Dal, Erling Nielsen og Flemming Hovmann, Bd. 1-7, København 1963-1990

FR: Andersen, Hans Christian, *Die frühen Reisebücher*, herausgegeben und übersetzt von Gisela Perlet, Leipzig und Weimar 1984

LB: Andersen, Hans Christian, *Lebensbuch*, herausgegeben und übersetzt von Gisela Perlet, München 1993

MLE: Andersen, H. C., *Mit Livs Eventyr*, Revideret Tekstudgave ved H. Topsøe-Jensen. Med Noter af H. G. Olrik og Udgiveren, Bd. 1-2, København 1951

MuG: Andersen, Hans Christian, *Märchen und Geschichten*, herausgegeben und übersetzt von Gisela Perlet, Bd. 1-2, München 1996

TB: Andersen, Hans Christian, *»Ja, ich bin ein seltsames Wesen ...«Tagebücher 1825-1875*, herausgegeben und übersetzt von Gisela Perlet, Göttingen 2000

Trekant: Möller-Christensen, Ivy York, *Den gyldne trekant. H. C. Andersens gennembrud i Tyskland 1831-1850 – med tilhørende bibliografi*, Odense 1992

Werke von Hans Christian Andersen (Auswahl)

–»*At være eller ikke være*«, Tekstudgivelse og noter ved Erik Dal, efterskrift af Mogens Brøndsted, København 2001

(»*Sein oder nicht Sein*«, übersetzt und mit einem Nachwort von Erik Gloßmann, Cadolzburg 2003)

– *De to Baronesser*, Tekstudgivelse, efterskrift og noter ved Erik Dal, København 1997

(*Die zwei Baronessen*, mit Vorwort und Kommentar von Käte Hamburger, Stuttgart 1982)

– *Eines Dichters Basar*, herausgegeben von Gisela Perlet, Leipzig und Weimar 1984

– *Improvisatoren*, Tekstudgivelse, efterskrift og noter af Mogens Brøndsted, København 1987

(*Der Improvisator*, übersetzt von Jörg Scherzer, Cadolzburg 2004)

– *Kun en Spillemand*, Tekstudgivelse, efterskrift og noter af Mogens Brøndsted, København 1988

(*Nur ein Spielmann*, übersetzt von Bernd Kretschmer, Frankfurt a. M. 2005)

– *Lykke-Peer*, Tekstudgivelse, efterskrift og noter ved Erik Dal, København 2000

(*Peer im Glück. Fußreise von Holmens Kanal*, ein Roman und zwei Erzählungen, übersetzt von Renate Bleibtreu und Gisela Perlet, Zürich 2004)

– *Meines Lebens Märchen*, Leipzig und Weimar 1989

– *Mit eget Eventyr uden Digtning*, Efter Forfatterens Manuskript udgivet af H. Topsøe-Jensen, Kjøbenhavn 1942

– *O. T.*, Tekstudgivelse, efterskrift og noter af Mogens Brøndsted, København 1987

– *Reisebilder aus Schweden und England*, herausgegeben und übersetzt von Gisela Perlet, Leipzig und Weimar 1985

– *Reisebilder aus Spanien und Portugal*, herausgegeben und übersetzt von Gisela Perlet, Leipzig und Weimar 1988

– *Samlede digte*, udgivet af Johan de Mylius, København 2000

– *Sämtliche Märchen und Geschichten*, übersetzt von Eva-Maria Blühm und Gisela Perlet, Bd. 1-2, Leipzig und Weimar 1982

– *Schattenbilder einer Reise in den Harz, die Sächsische Schweiz etc. etc. im Sommer 1831*, herausgegeben von Ulrich Sonnenberg, Frankfurt a. M. 2002

Briefwechsel auf Deutsch
– *Hans Christian Andersen/Lina von Eisendecher/Briefwechsel*, herausgegeben von Paul Raabe und Erik Dal, Göttingen 2003
– *Mein edler, theurer Großherzog! Briefwechsel zwischen Hans Christian Andersen und Großherzog Carl Alexander von Sachsen-Weimar-Eisenach*, herausgegeben von Ivy York Möller-Christensen und Ernst Möller-Christensen, Göttingen 1998

Sekundärliteratur (Auswahl)
– Andersen, Jens, *Hans Christian Andersen. Eine Biographie*, aus dem Dänischen von Ulrich Sonnenberg, Frankfurt a. M. 2005 (Sehr ausführliche Darstellung mit belletristischem Anstrich)
– Brandes, Georg, *Hans Christian Andersen*, in: *Moderne Geister. Literarische Bildnisse aus dem 19. Jahrhundert*, Frankfurt a. M. 1882 (Früheste wissenschaftliche Andersen-Darstellung)
– Bredsdorff, Elias, *Hans Christian Andersen. Des Märchendichters Leben und Werk*, München 1980 (Ursprünglich für englische Leser geschriebene, informative Darstellung)
– Detering, Heinrich, *Andelige amfibier: Homoerotisk camouflage i H. C. Andersens forfatterskab*, Odense 1991
– Frank, Thomas/Lüdemann, Susanne/Koschorke, Albrecht/Matala de Mazza, Ethel, *Des Kaisers neue Kleider. Über das Imaginäre politischer Herrschaft*, Frankfurt a. M. 2002
– Heltoft, Kjeld, *Hans Christian Andersen als bildender Künstler*, Kopenhagen 1980 (Guter Überblick über Andersens vielseitige Begabung)
– Helweg, Hjalmar, *H. C. Andersen. En psykiatrisk Studie*, København 1927
– Kofoed, Niels, *Studier i H. C. Andersens fortællekunst*, København 1967
– Maar, Michael, *Geister und Kunst. Neuigkeiten aus dem Zauberberg*, München/Wien 1995 (Erste ausführliche Darstellung der Beziehung Thomas Mann – Andersen)
– Mayer, Hans, *Außenseiter*, Frankfurt a. M. 1975 (Befasst sich mit Andersens Homosexualität, leider nur englische Quellenangaben)
Mortensen, Klaus P., *Svanen og skyggen – historien om unge Andersen*, København 1989
– Nielsen, Erling, *Hans Christian Andersen in Selbstzeugnissen und Bilddokumenten*, Reinbek bei Hamburg 1958

138 Bibliographie

– Oxenvad, Niels, *H. C. Andersen. Ein Leben in Bildern*, München 1997 (Opulent ausgestattete Bildbiographie)
– Wullschlager, Jackie, *Hans Christian Andersen. The Life of a Storyteller*, London 2000 (Die wohl beste nicht-dänische Darstellung mit einfühlsamen Textinterpretationen, auch auf Andersens Sexualität eingehend)

Weitere Literatur
– Chesterton, G. K., *The Crimes of England*, London 1915
– Dal, Erik, *Omkring tre nyfundne breve til Ludvig Müller*, Anderseniana, Odense 1984
– Harig, Ludwig, *Das Wirkliche bringt Märchen hervor*, Die ZEIT vom 14. 12. 2000
– Harig, Ludwig, *Und wenn sie nicht gestorben sind*, München/Wien 2002
– Hebbel, Friedrich, *Tagebücher* Bd. 2, Leipzig 1926
– Hesse, Hermann, *Ausgewählte Werke* Bd. 2, Berlin 1978
– Houben, H. H., *Gespräche mit Heine*, Frankfurt a. M. 1926
– Kafka, Franz, *Briefe an Felice*, Frankfurt a. M. 1967
– Kertész, Imre, *Ich – ein anderer*, Reinbek bei Hamburg 1998
– Kierkegaard, Søren, *Af en endnu Levendes Papirer*, in: Samlede Værker Bd. 1, København 1962
– Klemperer, Victor, *Ich will Zeugnis ablegen bis zum letzten. Tagebücher 1933-1941*, Berlin 1995
– Majakowski, Wladimir, *Ausgewählte Werke* Bd. 2, Berlin 1968
– Mann, Thomas, *Briefe 1948-1955*, Berlin/Weimar 1968
– Mann, Thomas, *Doktor Faustus*, Berlin/Weimar 1965
– Nabokov, Vladimir, *Lolita*, Reinbek bei Hamburg 1964
– Paustowski, Konstantin, *Begegnungen mit Dichtern*, Weimar 1972
– Spinnen, Burkhard, *Der Erregungskode eines Hypochonders*, Frankfurter Allgemeine Zeitung vom 9. 12. 2000
– Thiele, Just Mathias, *Af mit Livs Aarbøger*, Bd. 2, København 1917
– Tucholsky, Kurt, *Das Lächeln der Mona Lisa*, Berlin 1977

Werkregister

Bildnachweis
Archiv für Kunst und Geschichte, Berlin: 63, 128
Det Kongelige Bibliotek, København: 7, 23, 31, 42, 69, 72, 79, 93, 95
Det Nationalhistoriske Museum på Frederiksborg, Hillerød: 52
Københavns Bymuseum: 17
Odense Bys Museer: 9, 12, 20, 24, 26, 29, 35, 36, 57, 60, 80, 84, 88, 90, 100, 105, 117
Silkeborg Kunstmuseum: 120
Stadtmuseum, Tübingen: 124
Stiftung Weimarer Klassik, Weimar: 66
Thorvaldsens Museum, København: 46

Alle anderen Abbildungen stammen aus dem Archiv des Insel Verlags, Frankfurt am Main

Umschlagabbildung: C. A. Jensen. Hans Christian Andersen (Ausschnitt), 1836. Odense Bys Museer

Hans Christian Andersen
im Insel Verlag

Märchen meines Lebens

Mit einem Nachwort von Johan de Mylius
Aus dem Dänischen von Michael Birkenbihl
insel taschenbuch 2738
250 Seiten

Jeder kennt *Das häßliche Entlein, Die kleine Seejungfrau, Die Nachtigall, Das Mädchen mit den Schwefelhölzern, Des Kaisers neue Kleider* oder *Der standhafte Zinnsoldat. Hans* Christian Andersens (1805-1875) Märchen werden auf der ganzen Welt gelesen. Weniger bekannt, aber nicht minder lesenswert ist die Autobiographie, die erstaunliche Lebensgeschichte des großen dänischen Dichters: das *Märchen meines Lebens.*
»Mein Leben ist ein hübsches Märchen, so reich und glücklich. Wäre mir als Knabe, als ich arm und allein in die Welt hinaus ging, eine mächtige Fee begegnet und hätte gesagt: ›Wähle deine Laufbahn und dein Ziel … !‹ – mein Schicksal hätte nicht glücklicher, klüger und besser geleitet werden können.«

Hans Christian Andersen
Eine Biographie
Von Jens Andersen
Aus dem Dänischen von Ulrich Sonnenberg
808 Seiten. Leinen
Mit zahlreichen, teils farbigen Abbildungen

In seiner umfassenden Biographie zeigt Jens Andersen den Menschen Hans Christian Andersen gegen jede Romantisierung so, »wie er war«. Im Vordergrund stehen Andersens Persönlichkeit, seine Weltanschauung, seine Sexualität, über die viel gerätselt und geschrieben wurde, sowie die historische Situation, in die er hineingeboren wurde, und die Gesellschaft, in der er sich behauptete.

Jens Andersen, der als Schriftsteller und Literaturkritiker in Kopenhagen lebt, hat eine reich illustrierte Lebensdarstellung vorgelegt, die zwischen Romantik und Moderne Hans Christian Andersens Persönlichkeit in all ihrer Komplexität und Widersprüchlichkeit ausleuchtet.

»Diesen unvergleichlichen Märchenstoff aus dem wirklichen 19. Jahrhundert breitet Jens Andersen mit solcher Detail- und Erzählfreude aus, daß auch Andersen-Verächter flugs konvertieren.« *Christoph Bartmann, Süddeutsche Zeitung*

»Wenn man eine gründlich recherchierte und enthusiastisch erzählte Geschichte über das abwechslungsreiche Leben des Märchendichters lesen möchte, ist diese Biographie genau das Richtige.« *John Chr. Jørgensen, Extra Bladet*

Hans Christian Andersen
Märchen, Geschichten, Briefe

Ausgewählt von Johan de Mylius
Aus dem Dänischen von Ulrich Sonnenberg
Mit zahlreichen Abbildungen
Gebunden. 432 Seiten

In der ersten thematisch gegliederten Andersen-Anthologie, mit zum Teil in Deutschland bisher nicht publizierten Texten, zeichnet der Andersen-Experte Johan de Mylius das »Lebensmärchen« des verletzlichen und scharf beobachtenden Aufsteigers aus proletarischen Verhältnissen nach. Er präsentiert den Zeitgenossen Kierkegaards, den poetischen Philosophen, den rastlosen Augenzeugen, der ganz Europa bereiste, den emphatisch-programmatischen Verkünder und zugleich melancholisch-skeptischen Begleiter der industriellen Revolution und endlich den postromantischen und zuweilen sehr modern argumentierenden Poeten auf der Suche nach einer »Poesie der Zukunft«.
In der Kombination von Märchen, Berichten, Briefen, Gedichten und Dramenszenen entsteht ein facettenreiches Gesamtbild des Menschen und Dichters Hans Christian Andersen. Knappe Skizzen des Herausgebers führen in die einzelnen Texte ein.

Hans Christian Andersen
Des Kaisers neue Kleider und andere Märchen

Herausgegeben von Ulrich Sonnenberg
Mit Illustrationen und Vignetten
von Rotraut Susanne Berner
96 Seiten. Halbleinen

Die hier versammelten Märchen zeigen Hans Christian Andersen als »Dichter für sämtliche Lebensalter«, der es verstand, Kinder und Erwachsene gleichermaßen anzusprechen.
Die Texte, bekannte und weniger bekannte, laden ein zum
Kennenlernen und Wiederentdecken und werden durch die
Illustrationen von Rotraut Susanne Berner ergänzt, die die
subtile Ironie und den besonderen Humor des großen Er-
zählers widerspiegeln.

Hans Christian Andersen
Die Märchen

Drei Bände in Kassette
Aus dem Dänischen von Eva-Maria Blühm
Mit Illustrationen von Vilhelm Pedersen und Lorenz Frølich
insel taschenbuch 133
1129 Seiten

»Ich greife eine Idee auf, die für Ältere gedacht ist – und erzähle sie dann den Kleinen, während ich daran denke, daß Vater und Mutter oft zuhören, und ihnen muß man etwas für
den Verstand geben.« So charakterisierte Hans Christian Andersen seinen Erzählstil, mit dem er Märchen schuf, die zum
unvergänglichen Schatz der Weltliteratur gehören.

Hans Christian Andersen
Die schönsten Märchen

Aus dem Dänischen von Mathilde Mann
Ausgewählt und mit einem Nachwort versehen
von Ulrich Sonnenberg
insel taschenbuch 2651
257 Seiten

Neben Motiven des klassischen Kinder- und Volksmärchens
und Tierfabeln stehen bei Hans Christian Andersen Geschichten, in denen er private Erlebnisse verarbeitet; Eindrücke seiner zahlreichen Reisen durch ganz Europa fließen
in seine Märchen ebenso ein wie historische und zeitgenössi-
sche Ereignisse.
Annähernd zweihundert Märchen und Geschichten hat Andersen geschrieben und veröffentlicht. Ulrich Sonnenberg
hat die schönsten Marchen ausgewählt und ermöglicht so ei
nen Überblick über den erstaunlichen erzählerischen Kosmos
des Dichters Hans Christian Andersen.

Hans Christian Andersen
Die Schneekönigin

Aus dem Dänischen von Eva Maria Blühm
Mit farbigen Illustrationen von Birgit Ackermann
insel taschenbuch 2578
104 Seiten

Unvergeßlich ist Hans Christian Andersens Märchen von der kleinen Gerda, die sich auf eine abenteuerliche Suche nach Kay, ihrem besten Freund, begibt, der, durch einen bösen Teufelszauber seines gesunden Menschenverstandes und eigenen Willens beraubt, für die unterkühlte Schneekönigin entflammt ist und sich von ihr in die eisigen Weiten der Finmark entführen läßt. Auf ihrem langen, gefahrvollen Weg begegnet Gerda geheimnisvollen Zauberwesen, sprechenden Tieren und Pflanzen, wilden Räubern – und einem ungeahnt mutigen zweiten Ich in ihr selbst.
Hans Christian Andersens Märchengestalten sind differenzierte Persönlichkeiten, in denen sich das gesamte Kaleidoskop menschlicher Wesenszüge spiegelt; nicht zuletzt dadurch wird *Die Schneekönigin* zu einem Märchen für jung und alt.
Die farbigen Illustrationen Birgit Ackermanns fangen die nostalgische Atmosphäre der Erzählweise Andersens aufs schönste ein.

Hans Christian Andersen
Weihnachts- und Wintermärchen

Ausgewählt von Ulrich Sonnenberg
Originalausgabe
insel taschenbuch 2691
124 Seiten

*Die Schneekönigin, Der Tannenbaum oder Das kleine Mädchen
mit den Schwefelhölzchen* – in vielen Märchen und Geschichten von Hans Christian Andersen tauchen Weihnachts- und
Wintermotive auf. Es sind Geschichten und Gedichte, die
uns von der Sehnsucht wie von der Erlösung erzählen, von
Geburt und Tod, vom Glauben und visionären Verklärungen
ebenso wie vom Wechsel der Jahreszeiten und der neu erwa-
chenden Natur im Frühling.
»Jeder auf dem Schiffe draußen fühlte sich auf seine Weise
durch den Gesang und das Gebet erhoben, ebenso wie der
alte Baum sich erhoben fühlte in seinem letzten, seinem
schönsten Traum in der Weihnachtszeit.«

Hans Christian Andersen

Bericht einer Reise in die Sächsische Schweiz
Aus dem Dänischen und mit einem Nachwort
von Ulrich Sonnenberg
Mit zahlreichen zeitgenössischen Abbildungen
Insel-Bücherei 1220
104 Seiten

Schattenbilder einer Reise in den Harz, die Sächsische
Schweiz etc. etc. im Sommer 1831
Herausgegeben von Ulrich Sonnenberg
Mit zahlreichen zeitgenössischen Abbildungen
insel taschenbuch 2818
148 Seiten

Tagebücher 1825-1875
Herausgegeben und aus dem Dänischen
übersetzt von Gisela Perlet
insel taschenbuch 2886
796 Seiten

Suhrkamp BasisBiographien

Ein spannendes Leben, ein beeindruckendes Werk, eine nachhaltige Wirkung – die Suhrkamp BasisBiographien erzählen von Leben, Werk und Wirkung der großen Persönlichkeiten der Weltgeschichte.